荒丘数亩成林泉

张涟家族与园林

秦 柯 著

化学工业出版社

·北京·

图书在版编目（CIP）数据

荒丘数日成林泉：张涟家族与园林/秦柯著. —北京：化学工业出版社，2019.1
ISBN 978-7-122-32960-8

Ⅰ.①荒… Ⅱ.①秦… Ⅲ.①家族-史料-华东地区②古典园林-建筑史-中国-明代 Ⅳ.①K820.9②TU-098.42

中国版本图书馆CIP数据核字（2018）第202404号

责任编辑：孙梅戈　邹　宁　　　装帧设计：史利平
责任校对：宋　夏

出版发行：化学工业出版社（北京市东城区青年湖南街13号邮政编码100011）
印　　装：大厂聚鑫印刷有限责任公司
880mm×1230mm　1/32　印张5½　字数115千字
2019年1月北京第1版第1次印刷

购书咨询：010-64518888　　　售后服务：010-64518899
网　　址：http://www.cip.com.cn
凡购买本书，如有缺损质量问题，本社销售中心负责调换。

定　　价：45.00元　　　　　　　　　　　　版权所有　违者必究

前言

晚明江南园林呈现出了异常繁荣的局面,园林的功能、作用、观念、欣赏方式乃至造园的具体技法都出现了变革和创新。这一时期职业造园家辈出,以张南阳、计成、张涟最为世人所知。其中计成因其著作《园冶》为中国古代造园极重要的专著,得到中外学者的青睐。然而计成的造园作品较少,所知者仅吴玄、汪士衡、阮大铖、郑元勋几处私园而已。相比较计成,张涟无疑是当时最为炙手可热的造园家,他倡导的新自然主义的造园风格风靡一时,以至"人不见则知为张氏之山"。入清后,张涟子孙供奉内廷,被称为"山子张",成为皇家造园的世袭家族。

计成在《园冶》中认为,造园者应为"能主之人"。"能主之人"既需要良好的教育背景和文化修养,又需要具备高明的造园技艺和丰富的实践经验。计成的这个观点似乎在世界范围内都能得到印证。在日本,《作庭记》的作者橘俊纲为藤原氏贵族,造园家梦窗疏石为宇多天皇九世孙,而与张涟同时的造园家小堀远州则身为大名。在法国，比张涟稍晚一些的勒诺特尔（André Le Nôtre）出自于宫廷造园世家。在英国，被誉为"万能"的造园家兰斯洛特·布朗（Lancelot Brown）也出自于造园世家。任何一个新造园风格，从萌芽、形成到成熟都需要一个渐进的过程。如日本的茶庭，由千利休开创，经古田织布传至小堀远州时得以定型。又如英国的自然风景式的园林风格，经坦普尔（Sir William Temple）、艾迪生（Joseph Addison）、蒲柏（Alexander Pope）等人的倡导，范布勒（John Vanbrugh）、布里基曼（Charles Bridgeman）、肯特（William Kent）等人的开创，到布朗时才将自然风景式的园林推向高潮。张涟却能在年轻时便创造出新的造园风格，而且这种风格甫一产生，便迅速被当时江南文人士大夫阶层所接受、赞赏并传播。其风格形成之快、传播范围之广、影响程度之深世所少见，为当时职业造园家仅有。如若总结原因的话，应该包含以下三点：一是他的造园思想契合当时江南士大夫阶层的自然山水观念和其所提倡的"雅"文化；二是他的造园风格形成的游观效果更加直观，在符合画理的基础上提供了更加真实的山林体验；三是相对而言，他所营造的园林具有成本低、见效快的优点。契合文人士大夫的观念，需要受到良好的教育和具备足够的文化修养。这对于出身寒微的一般工匠而言，似乎在短期内难以具备这样的条件。

我们可以将张南阳、计成和张涟做一下简单的比较。如果以最早的代表作品作为成名标志，其作品开始营造的时间作为成名时间来进行比较的话，王世贞弇山园始建于隆庆五年（1571），张南阳时年55岁；吴玄东第园建于天启三年（1623），计成时年42岁；翁彦陞集贤圃建成不晚于万历四十三年（1615），张涟时年仅29岁。如果以已知的叠山造园数量来看，张南阳有3处，计成约4处，而张涟约25处，而事实上这三位造园家实际造园数量要比上述统计多，张涟甚至岁无虑数十家。如果从受教育的情况看，张南阳、计成、张涟都擅长绘画，计成则因《园冶》体现出更全面的文化素养。从社会交往看，生年更早的张南阳为王世贞、潘允端和陈所蕴等的门下客，计成则与阮大铖、曹履吉和郑元勋保持着良好的关系，张涟与陈继儒、钱谦益、王时敏、吴伟业、李雯等人交往甚密，而与张涟交往的诸人在当时的文艺界都负有盛名。可以说，无论从造园风格的形成、造园数量还是社会交往层面，张涟都是有优势的。因此，如果要对张涟造园进行更为深入的了解，就有必要对张涟的出身、家世以及教育背景等进行考查。

李约瑟认为，阐明发明家、工程师和有科学创造能力的人在他们那个时代的社会中的地位，这本身就是一种专门的研究，这个研究的首要任务是在他们当时具体做了哪些事情、留下了什么、创造了什么的基础之上，证明他们的身份。李约瑟认为研究这一群体的社会地位是非常有必要的,工匠的出身背景、政治作用、文化作用都是在研究工匠问题上不可忽视的。工匠自身及其家族被记录下来的事迹较少,究其原因有以下几种情况:其一,工匠出身普通或是寒微,其自身和家族事迹相对有限;其二,工匠家族较为显赫,但自己从事贱业而不愿提及;其三,工匠因不为文人士大夫重视,其事迹得不到广泛记录和传播;其四,工匠能文者寥寥,不能以文字形式有效地传播和表达自己的意图。

  国内对于工匠家世的研究,以"样式雷"家族为最。"样式雷"家族主持清代皇家建筑设计长达两百年,其家族族谱为了解"样式雷"家族的家世、生平、社会地位提供了第一手的珍贵资料,留下的图档与烫样为解读清代建筑规划、设计、施工及工程管理提供了最为翔实和直观的资料。张涟本人开创了张氏造园风格,名重江南,其子孙供奉内廷形成的"山子张",较"样式雷"为早,与其并称。然而"山子张"未能留下图样,其家谱亦毁于庚子之变,这也为张涟家族的深入研究带来了困难。关于张涟的研究,谢国桢先生以《张南垣父子事辑》(1931)开启了张涟家族研究的先河,曹汛先生对张涟的研究最为深入,他的一系列论文,如《略论我国古代园林叠山艺术的发展演变》(1980)、《清代造园叠山艺术家张然和北京的"山子张"》(1981)、《造园大师张南垣——纪念张南垣诞生四百周年》（1987）、《追踪张熊，寻找张氏之山》（2007）、《史源学材料的史源学考证示例，造园大师张然的一处叠山作品》（2008）、《张南垣的造园叠山作品》（2009）等，对张涟生平、造园风格和作品都进行了深入的考察，对张涟之子张熊、张然的事迹和作品亦有深入论述。张涟一般被认为来自于市民或者贫民家庭，对其家世与社会背景的研究尚未充分深入。

本书从历史文献入手，对张涟的家世、家族人物、社会背景、造园观及家族园林进行了初步考证，对张涟造园风格及相关的职业造园家进行了探讨和比较，试图对张涟及其造园展开较为全面的讨论。本书分为六章，第一章从寻找张涟家族世系入手，对张涟家族的基本世系进行梳理与考证；第二章对张涟家族成员，尤其是对张涟有重要影响的成员事迹展开叙述；第三章结合所掌握的材料，对张涟家族的社会交往展开考察；第四章对张涟家族的园林、造园观及游园活动进行探讨；第五章以张涟之子张轶凡为祁彪佳改建寓园为例，对张涟造园风格进行实例印证；第六章则将张涟与中晚明以来的几个职业造园家张南阳、周时臣、周廷策、计成等分类比较，对张南阳、周时臣及周廷策的生平进行了初步考证和梳理。

作为多种文化艺术的物质和空间载体，园林风格会受到相关的多种思想、文化和艺术的影响。因此本书尝试从更多视角和细节出发，期望将更多的历史碎片进行整合，对张涟及其造园风格进行分析。作者才疏学浅，书中难免有不成熟、不准确之处，还请各位老师、专家、同仁、读者不吝批评指正，提出宝贵意见。

工匠精神是一种职业精神，是职业道德、职业能力、职业品质的体现，是从业者的一种职业价值取向和行为表现。工匠精神同时也是一次审美的本土化回归，而本土工匠精神的弘扬传承需要对其背景、内涵和制度等方面进行深入探讨，以便认识其实质与内涵，不断探索工匠精神的路径与方法，这正是笔者持续追寻张涟及其造园的动力所在。

本书受

2017年北京市教委科研计划项目（项目编号：KM201710009013）

2018年北方工业大学青年毓优人才项目（项目编号：18XN012-025）

资助

目 录
contents

第一章　张涟家族世系的确定　// 001

第二章　张涟家族的成员事迹　// 028

第三章　张涟家族的社会交往　// 048

第四章　张涟家族与园林　// 068

第五章　张涟造园风格　// 098

第六章　明代几个职业造园家的比较　// 123

参考文献　// 159

后记　// 164

第一章

张涟家族世系的确定

张涟的出身和家世并不为人所知。曹汛先生认为张涟出生在华亭县西郊城河一带的一个贫民或市民家庭，其家族应属于"城河张氏"❶。显然这是出于张涟是工匠出身的一个推断。

目前发现唯一与南垣父、祖直接相关的信息在清代黄与坚（1620—1701）所作的张然墓志铭中。《愿学斋文集》卷三十八《封孺林郎即征君张陶庵墓志铭》（本书简称为张然墓志铭，后略）对张然家世进行了简要介绍：

> 按张氏世籍华亭县，自枢密铁一公累传至归山公，以子所望贵，赠通政大夫、山东布政使，为君曾祖。所谋，万历庚子举人，为君祖❷。所谋生涟，即南垣，华亭学生，始迁隶嘉兴。涟四子，季则君也。君讳然，字鹤城，以号行，曰陶庵。❸

---

❶ 参见：曹汛《造园大师张南垣（一）——纪念张南垣诞生四百周年》。
❷ 《张然墓志铭》中所载"所谋"信息有误，详见本章后面的考证。
❸ 参见：[清]黄与坚《愿学斋文集》卷三十八。

张然墓志铭是黄与坚受张然次子张淑请托,写于张然去世的第二年,即康熙三十六年丁丑（1697）。张然家世应为张淑所述,具有较高的可信度。按该铭所述,可以提取几个关键信息：一、张涟家族世居华亭县,华亭张氏始祖是枢密铁一公。二、张涟祖父未具名,号归山公。归山公因一子张所望有显赫的官职,被封为通政大夫、山东布政使。三、张涟父名所谋,是万历庚子（1600）科的举人。四、张涟读过书,曾是华亭县学学生。五、张涟有四子,张然为第四子。

这段材料对于挖掘张涟的家世意义重大。张涟出身于士林而非普通市民或平民,其父张所谋有举人功名。张涟从父张所望具有较高官职,因此张涟祖得以赠官。

相比家族其他成员而言,张所望的历史资料也应更为丰富。张所望为松江名人,最早记载张所望生平事迹的是陈子龙撰写的《明中奉大夫山东布政使司右布政使七泽张公神道碑铭》（本书简称为张所望碑铭,下同）。张所望碑铭较长,现简略其文如下：

> 公讳所望,字叔翘。世为上海人。祖曰某,父曰某,皆赠中大夫。母曰赠淑人沈氏,皆以公贵故。公固大夫公季子也。

> （所望）童而凤孤,以进士高第拜刑部郎,使襄、荣、靖江三藩,出守衢州,进参政镇左江,授广东按察使,不赴归里,后又督漕湖广,山东右布政使不赴。

> 崇祯八年正月卒于家,年八十,葬扬溪之北原、公次子积润请予为之铭。❶

---

❶ 参见：[明]陈子龙《安雅堂稿》卷十五。

张所望碑铭记载了张所望的生平及生卒年月（1556—1635），因行文故，省去了张所望父、祖的名字，其父、祖皆因所望赠中大夫，母沈氏赠淑人。张所望父称固大夫，似应与张然墓志铭中的归山公为同一人。张所望是归山公的幼子，张然墓志铭中张所谋之弟，张涟之叔。所望年幼丧父，以进士及第授官，累至山东右布政使，张然墓志铭中归山公赠通政大夫、山东布政使有张冠李戴之嫌。张所望次子名积润。碑铭中张所望居家孝友，为官宽厚，卜筑林涧，玩道丘园，又善辞赋，晓音律，有著述，是当时文人士大夫的典范。

与张所望同时代的《云间志略》、《云间人物志》、天启《衢州府志》及崇祯《松江府志》因张所望仍健在的缘故，都没有为张所望作传。崇祯《松江府志》卷三十四《选举》查得张所望为万历辛丑（1601）进士❶，卷三十五《乡举》查得张所望为万历甲午科（1594）第四名❷。又嘉庆《松江府志》卷五十四《古今人传六》有张所望传，其事迹基本与陈子龙张所望墓志铭同，不同之处在于增加了张所望的两个事迹，并录其著作有《梧浔杂佩》《岭表游记》《幅员名义考》《文选集注辨疑》《龙华里志》，又有《阅耕余录》《归田录》《宝稽堂杂记》等。张所望有黄石园，嘉庆《松江府志》载："黄石园在龙华里，张所望别业，有宝稽堂、交远阁、野藻亭诸胜。"❸

张所望大部分著作已失，《四库全书存目丛书》有《阅耕余录》六卷，上海图书馆藏明天启元年刻本，陈继儒、宋珏有序，

---

❶ 参见：[明] 崇祯《松江府志》。
❷ 参见：[明] 崇祯《松江府志》。
❸ 参见：[清] 嘉庆《松江府志》。

周裕度书，书末有"男积源、积润，孙天彝同校"❶。张所望长子张积基早死，妻葛氏，子天彝。仲子张积源，字圣清，诗词秀丽，构竹安斋、两隐轩，先于所望死，无子，事迹在陈继儒《张圣清传》❷。三子张积润，字次璧，善音律，作传奇《双真记》。

关于张所望的形象，明末著名人物画家曾鲸为所望写真绘《舟居图》❸。清代画家徐璋在其所绘《松江邦彦图》中也有所绘。徐璋是曾鲸的再传弟子，擅长人物写真画，该图根据旧本临摹，具有很高的写实价值。徐璋之子徐镐对《松江邦彦图》又进行补绘，此图共"摹写云间往哲像，始于大学士全公思诚，终于陈黄门子龙，共一百十人，凡胜国二百七十年中忠孝、廉节、文章、理学，悉登于册"❹。现今存世的《松江邦彦图》有南博本、松江醉白池石刻本及散落于收藏机构及民间的若干幅。《松江邦彦图》中张所望的形象符合文献中张所望清癯形象的描写。

松江醉白池《松江邦彦图》刻本中的张所望像见图1。

张所望之父、祖，陈子龙的张所望碑铭未提及其名。何三畏《云间志略》中有《张文学长舆先生传》："张所敬，字长舆，人称黄鹤先生，上海之龙华里人。观察使七泽公所望之兄也。大父曰永城公大鲁，父曰鸿胪公汝明。"可见张所敬父名汝明，所敬祖名大鲁，张所敬是所望之兄。张所望曾重刻袁凯

---

❶ 见张所望《阅耕余录》卷六。
❷ 参见：[明]陈继儒《陈眉公先生全集》。
❸ 参见：[明]张所望《阅耕余录》。
❹ 参见：[清]李果《在亭丛稿》。

图 1 松江醉白池《松江邦彦图》
刻本中的张所望像

诗集《海叟集》,并作序云:"万历己酉霜月五日郡人张所望题于衢之吾兼亭。"次年张所敬在跋中说道:"又五十余年,而吾弟叔翘氏以刑部大夫出守三衢,化洽民孚,凝香多暇,乃手订叟集,授之梓人,而叟之诗遂日星于区寓。吾是以知诗文之传世,显晦有时,而吾弟表章先哲之意致可尚也。"❶上述两段材料表明,张所敬与张所望是兄弟,两人之间的具体关系是寻找张所望父、祖姓名的一个关键。

张所敬祖为张大鲁。关于张大鲁的记载,详尽的是潘恩的《永城县知县裕斋张君墓志铭》(本文简称潘铭,后同)和王世贞的《永城知县张君暨配赵孺人合葬志铭》(本文简称王铭,后

---

❶ 参见:[明]袁凯《海叟集》。

同）。潘铭主要写张大鲁事迹，而王铭因潘铭故，主要写大鲁妻赵氏的事迹。潘铭作于嘉靖壬戌（1562），简摘如下：

> 君姓张氏，讳大鲁，字子守。豫斋则君别号也……城南翁喜曰："吾家世绩学种德，未有以科目显名者，意者其待子乎？"……嘉靖辛卯领应天乡荐……岁癸丑，君七试礼闱，数奇不售，乃谒选铨曹，授河南永城县令……岁辛酉九月二十三日以疾卒，距生弘治辛酉十一月二十九日，享年六十有一。配赵氏，有贤行。子男一，即汝明，邑庠生，娶陶氏。孙男二，所敬邑庠生，娶唐氏。所蕴聘予弟光禄松厓君季女，孙女一，适少府王省斋君仲子玉蕴。❶

王铭作于万历丙子（1576），简摘如下：

> 永城令也而何人？吾先大夫之所同举于乡者也。今曰张君大鲁，字子守。父教授公武，母朱有丈夫子五，君其仲也……君得寿六十有一，孺人七十而又五。子一即汝明，入太学为鸿胪序班，娶于陶。孙男三，长即所敬，娶于唐。次所蕴，娶于潘。次所效，尚幼。孙女

---

❶ 参见：[明]潘恩《潘笠江先生集》。

三,适太学生王润、刘光祚、赵一辛。曾孙男女各一尚幼。❶

从上述材料可知,张大鲁(1501—1561),字子守,号豫斋,与王世贞父王忬为同榜举人(1531),嘉靖癸丑(1553)年任永城知县,妻赵氏。大鲁仅一子汝明,汝明截至万历丙子(1576),有子三,所敬、所蕴、所效,女三人。汝明孙男女各一。张所望生于1556年,如为汝明子,王铭写成时早已成人,不可能不加叙述。可见张汝明并没有一个儿子叫张所望,张所望与张所敬不是亲兄弟。但有研究者根据上述几段材料,便断定张所望是张汝明晚年所生的庶子,与张所敬为同父兄弟,此说不确。

张大鲁父张武(1473—1541),其事迹在其门生潘恩撰写的《弋阳王教授张公配朱孺人合葬墓志铭》中最为详尽(简称张武墓志铭,下文同)。张武墓志铭写于嘉靖己酉(1549),因原文较长,摘抄相关内容如下:

张武字德勇,号城南先生,以弋阳王教授致仕。生于成化癸巳,卒于嘉靖辛丑,年六十九。其妻朱孺人,生于成化甲午,卒于嘉靖戊申,年七十五……张氏之先从宋南渡,徙上海杨溪,世为著姓。明兴,始祖仲实举税户人才,擢江西崇仁令。仲实生宗善,宗善生公吉,公吉生麟,麟生时,时生武……子七人:

---

❶ 参见:[明]王世贞《弇州续稿卷》。

> 一元，先公卒；次大愚、大鲁；次则大畏、大
> 俭、大受、大纳。女一人。孙男六人，汝明、
> 汝金、汝玉、汝行、汝器、汝镇。女四人。曾
> 孙男一人，曰所敬。女一人。❶

徐鸣鸾写有张武行状，今不传。张武墓志铭介绍了张武先祖的基本情况，张氏之先从宋南渡，徙上海杨溪，世为大姓。明代始祖张仲实举税户人才授江西崇仁令，此后世代以诗书为业。张武子大鲁，大鲁子汝明，汝明子所敬，已非常明确。

张所望与张武家族到底存在什么联系？笔者最后在崇祯《松江府志》卷三十五《封赠》三世荣恩条，找到了张所望父、祖赠官情况："张大忠，布政使所望祖，赠广西按察使。张汝问，所望父，累赠广西按察使。"❷又嘉庆《松江府志》卷四十八《选举表·封赠》条："张文，以曾孙所望貤赠山东布政使；张大忠，以孙所望赠山东布政使；张汝问，以子所望赠山东布政使。"❸嘉庆《上海县志》所载与《松江府志》相同，崇祯《松江府志》刻于崇祯四年（1631），当时所望尚在，因此所望父、祖的赠官应不是最终的职位。而张文的赠官则是所望貤赠，张文、张大忠和张汝问三人赠官均在二品。张所望父名张汝问，张然墓志铭中所说的归山公，张所望墓志铭中的固大夫即张汝问无疑。祖名张大忠，曾祖名文。此时张涟的祖、曾祖、高祖姓名已水落石出，张涟祖张汝问，曾祖张大忠，高祖张文。

---

❶ 参见：［明］潘恩《潘笠江先生集》。
❷ 参见：［明］崇祯《松江府志》。
❸ 参见：［清］嘉庆《松江府志》。

那么张文与张武又是什么关系呢？嘉庆《上海县志》卷十三《列传》张所望条载："从兄所敬字长与，大鲁孙。"❶ 张所敬是张所望的从兄，从兄有多重含义。传统中国社会非常注重宗族制度，汉贾谊《新书·六术》："戚属以六为法，人有六亲，六亲始曰父，父有二子，二子为昆弟；昆弟又有子，子从父而为昆弟，故为从父昆弟；从父昆弟又有子，子从祖而昆弟，故为从祖昆弟；从祖昆弟又有子，子以曾祖而昆弟故为曾祖昆弟；曾祖昆弟又有子，子为族兄弟。务于六，此之谓六亲。"❷ 五服图也是现代学者了解传统中国亲属制度、人际关系、民俗文化的必备工具。明代，五服图直接进入了《大明会典》❸ 中。

张所敬与张所望父、祖、曾祖皆不同，应为曾祖昆弟与族兄弟之一。而族兄弟已在五服之外，故张所望与所敬曾祖张文与张武应为昆弟，张文与张武应为张时之子。这个推断在后来被笔者查到的文献所证实。《张氏族谱》为张汝明、张所敬父子所录，具有很高的可靠性。《张氏族谱》虽然今已不存，但幸运的是陈所蕴为《张氏族谱》做的序保留至今。陈所蕴序载："可考而知者，云间之始祖崇仁令仲实先生。仲实先生洪武时以人才征拜崇仁令，是为阚水桥张始祖矣。……故目仲实公而下为宗善公；宗善公而下为公吉公；公吉公而下曰麟、曰时；而时子曰文、曰武。其派始分为二。今之子若孙凡若干指，皆二派之自出。"❹ 这时，张涟父辈以上至始祖姓名均已得到。

---

❶ 参见：[清] 嘉庆《上海县志》。
❷ 参见：[东汉] 贾谊《新书》。
❸ 参见：[明] 申时行《大明会典》。
❹ 参见：[明] 陈所蕴《竹素堂合并全集》。

张涟有四子，只知张熊和张然其名。张然墓志铭中载然"事兄竭友恭，抚诸侄如己出"，似乎张涟有子早丧。三子熊，字叔祥❶，四子然，子鹤城。关于张熊和张然的事迹和作品，曹汛先生在《追踪张熊，寻找张氏之山》《清代造园叠山艺术家张然和北京的"山子张"》和《史源学材料的史源学考证示例——造园大师张然的一处叠山作品》等文章中进行了详细考证。

曹汛先生认为张铨侯是张然晚年使用的别号，值得商榷。事实上，张铨侯即张然长子张元炜。吴暻《西斋自删诗稿》有《赠张铨侯二首》，其序直接点出张铨侯乃"南垣之孙，以叠石世其家"。其诗如下：

其一

三载蓬莱老布衣，名花奇石梦相依。
曾驱天上神仙手，袖得支机片石归。

其二

草堂妙手数南垣，位置吾家五亩园。
三十年来风景在，残山犹压旧溪痕。❷

下面的诗在国家图书馆藏《西斋集》卷四末，原名为《题张铨侯册子三首》，其序云"铨侯为南垣之孙，以叠石世其家"，全诗如下：

---

❶ 曹汛先生考证张熊可能是仲子，也可能是三子。本文按张熊字叔祥，伯、仲、叔、季的关系，暂取张熊为第三子。

❷ 参见：[清] 吴暻《西斋自删诗稿》。

其一

父子承恩太液池,山林粉本可心追。
名画怪石供驱遣,压倒人间老画师。

其二

名园数郡草堂规,尽说君家三世为。
只笑苏公应未见,木山蓄得苦吟诗。

其三

江南妙手数南垣,点缀吾家五亩园。
三十年来风景在,残山犹压旧溪痕。❶

吴暻为吴伟业长子,对南垣家应颇为熟悉,张铨侯为南垣之孙无疑,故绝非张然。《西斋集》按编年编排,此诗应作于康熙庚午(1691)年间,该年吴暻在其座师徐乾学苏州洞庭湖别墅中参编《一统志》,不久返里。此诗似是吴暻先题在张铨侯的粉本上,而后又遇到了张铨侯本人,因此吴暻对此诗进行了反复修改。

因此,赵吉士《林卧遥集》卷下《元夕有序》序中"槜李张铨侯元炜玉侯淑金沙于樗乡钰俊南昌李南枝更生苕水胡纳言潘若千养汪四明沈弱侯绍竑锡山王锡蕃汪紫沧灏儿景从集寄园时振千

---

❶ 参见:[清]吴暻《西斋集》。

以测字著名诸子争相问事更深踏月予兀坐未出即事四律"❶ 中的断句如为张铨侯元炜、玉侯淑，便十分清晰，铨侯应为张元炜，玉侯应为张淑，铨侯、玉侯应是张元炜和张淑的字。

张元炜和张淑的后人，黄与坚的张然墓志铭有叙述："君封儒林郎，配洪氏，封安人。子二人，元炜候选州同知，淑候选监运同知。孙三人，大成候选县丞，元炜出。大鹏太学生，大鲲幼，皆淑出。曾孙一人，麟佳，大成所出。"❷ 从张然墓志铭可以看到张然后人以贡监考职，又重新开始走向学而优则仕的进身道路。这与《嘉兴府志》所记载的"及至淑，其术遂不传"也相吻合。

关于张涟的生父，黄与坚的张然墓志铭中载："归山公因其子所望贵，赠通政大夫、山东布政使，为君曾祖。所谋，万历庚子举人，为君祖。"❸ 张所谋为万历庚子（1600）举人，查崇祯、康熙、嘉庆《松江府志》、嘉庆《上海县志》和光绪《重修华亭县志》选举中均无张所谋，万历庚子乡试举人中张姓只有张方陛和张以诚两人。不但万历庚子乡试举人没有张所谋之名，万历间所有举人皆查不到张所谋，这似乎另有隐情。

随着资料进一步的发现，尤其是张涟祖张汝问及妻沈氏墓表的发现，提供了直接的证据并填补了这一空缺。张汝问及其妻沈氏墓表均为冯时可撰写。冯时可，字元成，号文所，华亭人，隆庆五年进士，历任广东按察司金事、云南布政司参议、湖

---

❶ 参见：曹汛《史源学材料的史源学考证示例——造园大师张然的一处叠山作品》。
❷ 参见：[清]黄与坚《愿学斋文稿》。
❸ 参见：[清]黄与坚《愿学斋文稿》。

广布政司参政、贵州布政司参政。其父为著名御史冯恩。冯时可在晚明文学史也有一席之地,他与邢侗、王稚登、李维桢、董其昌被誉为晚明文学"中兴五子"。两个墓表均为冯时可受张所望请托根据张汝问及妻沈氏行状而写,虽据张汝问去世有至少三十多年的时间,但仍有非常高的文献价值。

张汝问墓表中载:"公有三子,长所性,次所教,又次即太守君所望。"❶又《万历二十九年进士登科录》中,亦载所望有兄所性、所教。可知张汝问有三子,长子张所性、仲子张所教、三子张所望。而张汝问墓表中:"太守君所望,举万历辛丑进士,居秋曹为望,即今为良二千石。"可知冯时可写张汝问墓表时,张所望以刑部官出任衢州,此事发生在万历三十七年(1609),距张汝问去世约四十年,所性、所教、所望三子应为最终状态;而张所望对兄长恭敬,其子张积源也礼诸伯叔如父,故也不会存在张所望因与其兄长关系不睦,而故意将所谋名字删掉的可能性;张汝问仅有妻沈氏,并没有侧室,也不存在张所谋为庶出的可能性。可见张然墓志铭的记载无疑是不准确的。推测有误的原因,一是张淑本人的误记,张然家世及事迹为张淑向黄与坚口述,这是康熙三十六年(1699)的事情,距离张汝问去世已将近一个半世纪之久,距离张涟移居嘉兴也有六十多年,中间还有明清易代,先人事迹业已模糊,难免会有不准确的地方;二是黄与坚在记录张淑所叙时误记,这种可能性较小;三是《愿学斋文集》抄本中某些字的异体或避讳,教字的一个异体是"孝言",如果该字左右部分互换,则与谋字相似(然从《愿学斋文

---

❶ 参见:[明]冯时可《冯元成选集》。

集》抄本中并无发现其他异体或因避讳缺笔、替代的性、教、谋字);四是张所谋为后来改名,目前尚无此证据。四种情况中,第一种可能即张淑误记的可能性最大。因此张涟父不是张所谋,而是张所性或张所教。

张所性,字伯恒。松江诗人唐汝询在《赠张居士伯恒》中记述了张所性的一些情况,其诗云:

> 占称无心子,千载难其俦。
> 君抱野鹤性,斯堪与之游。
> 下不傲蓬宾,上不娇王侯。
> 二仪若茵幄,万俗皆凫鸥。
> 尘氛不为累,山水不厌幽。
> 飘如出岫云,泛如不系舟。
> 挥金类瓦砾,生涯无复谋。
> 有美连枝树,姓字登金瓯。
> 河流润九里,而我将何求。
> 见花但吟赏,得酒即献酬。
> 岂无仓公感,知命固弗忧。
> 逍遥快志意,不知双鬓秋。❶

此诗尚有《夏日至张叔翘别业作》,似为一时之作。唐氏称赞张所性闲云野鹤、亲近自然、不近俗世、平易近人的品质。其中"占称无心子,千载难其俦"句似指张所性因事落职,当与

---

❶ 参见:[明]唐汝询《编蓬后集》。

王绩为知己。"有美连枝树,姓字登金瓯。河流润九里,而我将何求"句指其弟张所望进士入仕,泽及三族。"岂无仓公感,知命固弗忧"二句则用淳于意有七女而无子事,意指张所性亦无子,但却知命而不忧虑。张所性既无子,那么南垣父只能是张汝问次子张所教。

至此,在尽可能翻阅所有能查到的资料情况下,张涟的基本家世已梳理出一个基本和比较清晰的脉络。对于不太确定的关系,如张伯声,张汝聪,张武诸孙汝金、汝玉、汝行、汝器、汝镇等不能确定所出,暂不放入世系表中。这为深入研究张涟家族及明代中后期江南造园风格嬗变提供了新的基础材料。从图中可以看到,张涟绝非出身寒门,其家龙华张氏世为著姓,自明初即以诗书进身,至张所望后家族更为显赫。这无疑对张涟的艺术素养、园林实践和社会交往都提供了非常重要的帮助。

图 2 为张涟基本世系图谱。

张涟家族有龙华张、杨溪张、阚水桥张等称呼,这些称呼有什么联系,或者哪一种称呼更为准确,需要进一步探讨。

明代松江府张氏家族较多,各张氏以所居里第称呼,在府有石牌、城河、儒林、清水桥等张姓,在县有蚬滩、龙华、仓桥、登云桥、杨溪等张姓。张涟子张然的墓志铭中记载张氏元祖为宋宰相张商英孙张铁一。张铁一随宋室南渡,居上海龙华,为龙华张氏始祖,其后支派较多❶。张氏一支居龙华里的杨溪,是为杨溪张。张武墓志铭载:"张氏之先从宋南渡,徙上海杨溪,

---

❶ 如上海图书馆所藏清代张嘉培所修《张氏家谱》中,始迁祖亦为张铁一。

第一章 张涟家族世系的确定

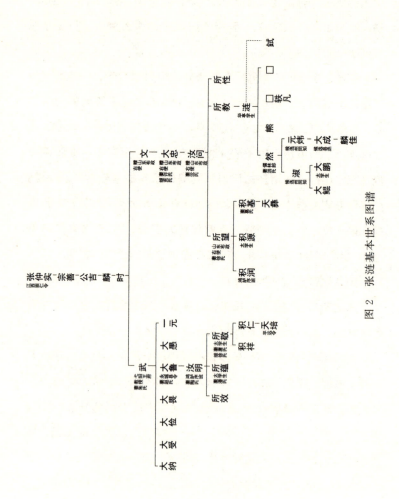

图 2 张涟基本世系图谱

世为著姓。"❶ 又张汝问墓表也有相同记述："张肇汴远矣。中叶从宋南渡,家上海杨溪,世以德著……里人乃呼杨溪为张家塘云。"❷ 张涟家族称阆水桥张。《张氏族谱序》载："杨溪之张一再徙,而居邑治之南阆水桥,为阆水桥张云。阆水桥之张,其先自宋南渡时徙,世代绵邈,远者遂不可考。"❸ 可见杨溪张氏与龙华张氏的元祖都为张铁一,杨溪在龙华里,为龙华张氏的重要一支。阆水桥张氏为杨溪张氏的重要一派,因徙居上海县治南的阆水桥一带而名,如张涟家族中张武一派就居住在阆水桥。明代松江氏族编撰家谱时,因种种利益原因,常有攀附门户的现象,加之杨溪张氏与龙华张氏的渊源,故时人对阆水桥张氏有龙华张氏、杨溪张氏等称谓。如叶梦珠称其为龙华张氏,潘恩、冯时可称其为杨溪张氏,陈所蕴则称其为阆水桥张氏。与时俗正相反,《张氏族谱序》中声称："二派之外,若蚬滩、若龙华,虽自上世以来,号称石交,不减兄弟,终不敢以无征妄登谱牒。"❹ 可见张汝明、张所望父子在编撰家谱时态度的严谨审慎,这对于张涟家族的研究带来了便利条件。

张涟究竟出于何地？时人和后人对张涟有华亭人、上海人和秀水人三说,与张涟交往甚密的王时敏、吴伟业均称其为华亭人,与张然有所交往的黄与坚、戴名世等亦称其为华亭人,云间三子之一的李雯称其为上海人,而张涟移居嘉兴后,黄宗羲、李良年等又称其为秀水人(见表1)。

---

❶ 参见：[明] 潘恩《潘笠江先生集》。
❷ 参见：[明] 冯时可《冯元成选集》。
❸ 参见：[明] 陈所蕴《竹素堂合并全集》。
❹ 参见：[明] 陈所蕴《竹素堂合并全集》。

表1 张涟籍贯的文献记载（作者绘）

序号	作者	篇名	涉及人物	所载籍贯
1	李雯	张卿行	张涟	上海
2	钱谦益	云间张老工于累石许移家相依赋此招之二首	张涟	云间
3	吴伟业	张南垣传	张涟	华亭
4	黄宗羲	张南垣传	张涟	秀水
5	戴名世	张翁家传	张涟	华亭
6	陶燕喆	张陶庵传	张然	云间
7	王时敏	乐郊分业记	张涟	华亭
8	黄与坚	封儒林郎征君张陶庵墓志铭	张然	华亭
9	李良年	书张铨侯叠石赠言卷	张元炜	秀水

云间是松江的代称，华亭、上海均能以云间相称。上述主要问题在于华亭还是上海。需要对张涟家族尤其是张涟所处时代的家族迁徙情况进行分析。张涟父张所教字仲敷，为张汝问第二子，其事迹已不详。张所教、张所望兄弟曾一度共住在龙华老宅中。张所敬有《阻风过从弟仲敷叔翘宅》，诗云：

> 舟楫经过地，萧疏竹树林。
> 却于风雨夕，得问鹡鸰原。
> 屋古花生瓦，溪遥湖到门。
> 园蔬堪一饭，郑重到清樽。❶

张所敬有《潜玉斋稿》《潜玉斋近稿》《春雪篇》和《解弢篇》等存世。《潜玉斋稿》中王穉登、屠隆均序于万历十三年乙

---

❶ 参见：[明]张所敬《潜玉斋稿》。

酉（1585），而《潜玉斋近稿》张所望序中载张所敬万历甲申（1584）至丙戌（1586）稿已丢失。故《潜玉斋稿》中诗作的下限时间在万历十一年癸未（1583）。又《潜玉斋近稿》中顾斗英序于万历己丑（1589）阳月，故可知《潜玉斋近稿》中诗应作于万历丁亥（1587）至己丑（1589）间。《春雪篇》中诗作于万历甲午（1594）至乙未（1595）。《解嘲篇》中诗作于万历己亥（1599）。故《阻风过从弟仲敷叔翘宅》不晚于万历癸未，此时张所教、张所望兄弟尚住在一起。

在张涟出生后一年的万历十六年（1588），张所望移家至松江。张所敬有《送从弟叔翘移家郡城》：

雀舫移龙浦，鳣帷傍鹤城。
泖光摇几席，塔影挂檐楹。
迟迟论文客，门来立雪生。
遥知书带草，不减郑康成。❶

张所望宅在松江郡城北门河东的柳家巷❷。万历二十二年（1594），张所望中举，次年又在上海卜居。张所敬有《喜叔翘弟移家海上》：

竹径蔬畦带药栏，女墙东去海天宽。
卜居始就惟桑计，比屋今谐常棣欢。

---

❶ 参见：[明]张所敬《潜玉斋稿》。
❷ 参见：[清]王沄《云间第宅志》。

砌饶名花催饮兴，门临流水助文澜。

帷中早就天人策，看取红光射斗寒。❶

"比屋今谐常棣欢"句可见张所望移居上海后，与张所敬为邻。而张武、张汝明均居城南阚水桥，故张所望家应也在附近。之后张所望几应春闱，万历二十九年中进士，从而开始了他的仕宦生活。天启元年（1621），张所望致仕，对龙华故居进行改建，并还家龙华。《阅耕余录》宋珏序云："请告归，遂营菟裘于龙华之里。"❷ 宋珏序于天启元年。又陈继儒《张圣清传》："辛酉适越，次皂林……时七泽公移家龙华故里。"

按曹汛考证张涟生于万历十五年，张所望移居华亭在万历十六年，万历十五年张所教仍然在龙华居住，那么张涟则应出生于上海龙华而非华亭。张氏龙华住所近水临湖，所谓"舟楫经过地"，"溪遥湖到门"。《说文》中对"涟"的解释是："风行水上成文曰涟"❸。又《诗经·魏风》："河水清且涟漪"❹。"垣"字在《说文解字》中的解释是："墙也"❺。《诗经·大雅·板》："价人维藩，大师维垣。大邦维屏，大宗维翰。"❻"南垣"的字面意义是南墙，而对"涟"的关联或解读应理解为南墙有水，水清风行为涟。"南垣"暗指其家族阚水桥张氏所在的上海城南。

---

❶ 参见：[明]张所敬《春雪篇》。
❷ 参见：[明]张所望《阅耕余录》。
❸ 参见：[东汉]许慎《说文解字》。
❹ 参见：《诗经》。
❺ 参见：[东汉]许慎《说文解字》。
❻ 参见：《诗经》。

张涟出生在上海龙华,他后来成了华亭县学的学生。或许他的家庭也跟随叔父张所望迁居到了华亭。据陈宝良对明代生员进学年龄的研究,生员平均进学年龄为 18 岁,最小则为 8 岁❶。王跃生认为,保守估计生员平均进学年龄在 20 岁左右。张涟如果 18 岁进学,则在华亭定居不晚于万历三十二年(1604)。崇祯十一年(1636)张涟移居秀州,南垣在华亭至少生活了三十年以上。所以时人称张涟为华亭人也不足为奇了。

张所望宅在府城柳家巷,而张涟是否在附近居住,不得而知。叶梦珠提供了一些相关的线索,他在《阅世编》卷五《门祚二》载:

> 龙华张氏,自七泽所望登进士,历官方伯,而其族遂显。其从子或居华亭,亭桥一派是也;或居上海,在城则银台一派是也;在乡则新场太常一派是也。❷

张涟或其从兄弟居华亭,则应是亭桥一派。乾隆《娄县志》载:"张涟,字南垣,居西郊,后移家秀水。"❸ 曹汛据此认为张涟居住在松江西城河附近。事实上当时西城河附近张氏主要为张弼子孙,《云间第宅志》载:"西门外河西入泖……谷阳桥张太守汝弼宅,有寿康堂,左右皆其子孙聚居焉。"❹ 而亭

---

❶ 参见:陈宝良《明代儒学生员与地方社会》。
❷ 参见:[清]叶梦珠《阅世编》。
❸ 参见:[清]陆锡熊《娄县志》。
❹ 参见:[清]王沄《云间第宅志》。

桥在华亭县东,与西郊方向正好相反。乾隆《娄县志》这条记录的出处现在已不得而知,但张涟活跃在华亭是无疑的。

张涟后来从华亭移居嘉兴,见于诸传,移居的时间和原因却不得而知。曹汛认为崇祯八年松江府遭了水灾,张涟生计困难,故崇祯九年钱谦益请张涟迁居常熟,后因钱氏被逮,事遂寝。后南垣于崇祯十年因为吴昌时修竹亭别墅故,遂迁居嘉兴❶。张涟家族世系的确定使张涟迁居嘉兴的原因清晰起来,笔者认为《双真记》事件是张涟最有可能移居的原因。

朱国盛,字敬韬,号云崃,万历庚戌(1610)进士,历任工部主事转员外郎郎中、河南粮道、山东布政使。朱国盛督漕运,治水有功,后升至太常寺卿。后因攀附魏忠贤,坐祠颂被列入阉党名单。罢官回家后,朱国盛以书画、声色自娱。张岱对朱国盛的教戏方法有这样的描写:

> 朱云崃教女戏,非教戏也。未教戏,先教琴,先教琵琶,先教提琴、弦子、箫、管,鼓吹歌舞,借戏为之,其实不专为戏也。郭汾阳、杨越公、王司徒女乐,当日未必有此。

> 丝竹错杂,檀板清讴,入妙䐿理,唱完以曲白终之,反觉多事矣。西施歌舞,对舞者五人,长袖缓带,绕身若环,曾挠摩地,扶旋猗那,弱如秋药。女官内侍,执扇葆璇盖、金莲宝炬、纨扇宫灯二十余人,光焰荧煌,锦绣纷

---

❶ 参见:曹汛《造园大师张南垣(一)——纪念张南垣诞生四百周年》。

叠，见者错愕。云老好胜，遇得意处，辄盱目视客；得一赞语，辄走戏房，与诸姬道之，佹出佹入，颇极劳顿。且闻云老多疑忌，诸姬曲房密户，重重封锁，夜犹躬自巡历，诸姬心憎之。

有当御者，辄遁去，互相藏闪，只在曲房，无可觅处，必叱咤而罢。殷殷防护，日夜为劳，是无知老贼自讨苦吃者也，堪为老年好色之戒。❶

一方面张岱对朱国盛的教戏方式颇为称赞，另一方面张岱对朱云崃老年好色的表现进行挖苦和嘲讽。这与复社诸公子对阮大铖的态度非常相似，即在对阮氏文艺戏曲才能赞赏的同时，对其攀附阉党企图翻案的行为进行嘲讽、羞辱、揭发。松江本来有用戏曲反映时事的传统，如万历四十四年的《黑白传》便是根据董其昌的不良事迹编成的戏曲，后成为民抄董宦事件的一个重要的导火索。

张所望子张积润的《双真记》对朱国盛攀附魏忠贤进行了讽刺，招致朱国盛的报复。同郡曹家驹载：

魏阉熏灼，云崃藉其援引，捷升北太常。后阉败，值钱机翁当国，得免大祸，然从此亦不振矣。家中唯以声伎自娱，而郡中后辈好讥论之。有张次璧者，乃七泽公之子。七泽公最

---

❶ 参见：[明]张岱《陶庵梦忆》。

善音律，次璧亦以家学自负，乃作一传奇，名曰《双真记》。其生名京兆，字敞卿，盖以自寓也。其旦名惠立霜。其净名佟遗万，同者以朱为乡人也，遗万者谓其遗臭万年也，诋斥无所不至。云来大恨，讼次璧于官，而七泽公不胜舐犊之爱，力辨其非。陈眉公起而解纷，致一书札于当事，请追此板当堂销毁，置此事于不问，而持议者并谤及眉公矣。❶

吴履震《五茸志逸》、《景船斋杂记》亦有相似记载，《五茸志逸》载：

张次璧演《双真记》成。朱敞韬谓其讥己也，心甚衔之。会直指路公按郡，跪门讼之。路公付之一笑，不之问诸乡绅，欲稍全朱体面，取板劈碎之。朱曰：板虽劈，如蒙耻何？张茂卿闻而笑曰：辟则为天下僇矣。❷

直指路公为路振飞，路氏于崇祯八年夏任苏松巡按，而张所望又在此年冬天去世。可见朱国盛讼张积润事在崇祯八年，而张积润刻《双真记》时间也在此年。此事虽然陈继儒为张积润解纷，当堂销毁刻板，但此事并未解决。陈子龙在《祭张叔翘

---

❶ 参见：[清] 曹家驹《说梦》。
❷ 参见：[清] 吴履震《五茸志逸》。

方伯文》中亦有所暗示:"公有后虑,令子贤孙,觎窃眈眈,何以自存?"❶ 张所望卒后,张积润因朱国盛报复而举家迁至上海,陈子龙有《送张子读书浦上序》:

> 张子既以词章语言忤其乡之逆臣,为所切齿,必有以阴中之,不则且穷以私剑。于是张子之友告之曰:士贵于俟时,不必争一日也。子既伉直自负,又未免于轻脱之累,彼固天下之妄人,不足以难子。然士之所以深藏塞默,以求后之大用者,安可以不自勉哉。子盍栖迟林麓,俯仰缃素,以求益乎?张子以为然,遂携家而隐于南浦之上,事渔猎、考经史,致足乐也。❷

而宋征舆有《张次璧新曲序》,其编年置于《酉春杂吟序》后五,其中有"张子既隐于海上,涉一再月始一至郡"❸。

此事发生后不久,张所望去世,朱国盛仍伺机报复张积润,南垣不免为此事牵连,谋求迁居躲避,亦在情理之中。关于张涟移居秀州的时间,陈继儒子陈梦莲编有《陈眉公全集六十卷年谱一卷》,其中卷二十七有《张南垣移居秀州蔗庵赋此招之送》:

---

❶ 参见:[明]陈子龙《安雅堂稿》。
❷ 参见:[明]陈子龙《安雅堂稿》。
❸ 参见:[清]宋征舆《林屋文稿》。

南垣节侠流，慷慨负奇略。
盘礴笑解衣，写石露锋锷。
指下生云烟，胸中具丘壑。
五丁紧追随，二酉顿开凿。
穿池浪有声，种树势相攫。
亭榭多回环，鱼鸟欲飞跃。
江东园主人，见之俱小却。
闲载米家船，懒入郗公幕。
君赋归来手，醉跨华亭鹤。❶

此诗内容与《嘉兴府志》所载《张南垣移居秀州赋此招之》一致，但题目略有不同，陈梦莲编《陈眉公全集六十卷年谱一卷》时间在陈继儒去世后不久，其内容更为可靠。此诗前尚有《贺钱牧斋南还》。按钱谦益南还常熟在崇祯十一年，陈继儒本人于崇祯十二年去世，故该诗应作于崇祯十一年，张涟移居秀州也在此时。吴伟业《张南垣传》中所写"退老于鸳湖之侧，结庐三楹"❷。涟号蔗庵，那么此三楹之庐则应为蔗庵了。蔗庵之号应出于顾恺之啖蔗事。《晋书·顾恺之传》载："恺之每食甘蔗，恒自尾至本。人或怪之。云：渐入佳境。"❸顾恺之博学多才，擅诗赋、书法，尤善绘画，顾恺之作画，意在传神，其"迁想妙得"、"以形写神"等论点，为中国传统绘画的发展奠定了基础。而张涟善写真、通山水，尤其以画意叠山，开创

---

❶ 参见：[明]陈梦莲《陈眉公全集六十卷年谱一卷》。
❷ 参见：[清]吴伟业《吴梅村全集》。
❸ 参见：[唐]房玄龄《晋书》。

了土中戴石、模拟自然局部的叠山造园新风格。涟以蔗庵为号，自比顾恺之，可谓两合相宜。

在张涟移居嘉兴的同年，陈定生、顾杲、吴应箕等复社公子在南京刊行《留都防乱公揭》，江南地方也群起响应，崇祯十四年（1641），松江府出现了声讨朱国盛的公檄，朱国盛避难杭州，张家乐于湖山之间。但是张涟已经在嘉兴安定下来，不再回华亭了。

张涟籍贯应为上海，准确地说张涟应为上海人。张氏家族世居上海，张涟祖父汝问、祖辈张汝明、从父张所敬等仍在上海居住，张涟从父张所敬为"龙华里人"，或是"阖水桥里人"，张涟叔张所望仍然是南直松江府上海县民籍❶，张涟从兄弟张积源亦为上海龙华里人❷。这些材料表明张涟籍贯为上海无疑。然张涟为华亭学生，在华亭生活过很长时间，被称为华亭人似乎也在情理之中。涟移居嘉兴后，又被认为是嘉兴人。

龙华张氏有固定的起名原则和方法，如张涟曾祖辈为大字辈，祖辈为汝字辈，父辈为所字辈。张涟应为积字辈，原名似应为张积涟。张涟子辈似应为天字辈，可能因为张涟建亭桥张姓一支，故改名为涟，子孙名字也与阖水桥张氏不一样了。也有可能是张涟从读书改行匠人，张氏向来诗书传家，而匠人身份低下，为了隐匿门庭故而改名。张所敬有《张氏世谱》，可惜不传，不然或许从此家谱可以看到更准确和详尽的信息。

---

❶ 参见：[明]《万历二十九年进士登科录》。
❷ 参见：[明]陈继儒《陈眉公先生全集》。

第二章

张涟家族的成员事迹

张涟来自上海的阚水桥张氏,始祖为张仲实。张武墓志铭记载最早:"明兴,始祖仲实举税户人才,擢江西崇仁令。仲实生宗善,宗善生公吉,公吉生麟,麟生时,时生武。"❶ 其次为张汝问墓表:"国初,有仲实者,举人材,令崇仁,以政著"。《张氏族谱》为张汝明、张所敬父子所录,具有很高的可靠性。陈所蕴序载:"可考而知者,云间之始祖崇仁令仲实先生。仲实先生洪武时以人才征拜崇仁令,是为阚水桥张始祖矣。……故目仲实公而下为宗善公;宗善公而下为公吉公;公吉公而下曰麟、曰时;而时子曰文、曰武。其派始分为二。今之子若孙凡若干指,皆二派之自出。"❷

明初大乱初定,文士匮乏,政府又需要大量的人才来维持帝国朝廷的运转。征辟税户人才就成为明初举荐人才的一种重要方式,税户人才的征辟对象为有一定文化基础的商人和富民,以户或族为单位,具有世仕性的特点❸。张仲实被征辟后,担任了

---

❶ 参见:[明]潘恩《潘笠江先生集》。
❷ 参见:[明]陈所蕴《竹素堂合并全集》。
❸ 参见:潘星辉《明代文官铨选制度研究》。

江西崇仁令,在任似乎颇有政绩,其传记被载入上海和崇仁方志中。张仲实使阚水桥张氏得以走向仕途。张仲实子张宗善,有诗名,隐居乡里❶。张公吉、张麟和张时的事迹已不可考,但他们都以诗书承家,从目前的资料来看,他们似乎未能在科举上得到举人及以上的功名。

张时有二子,即张文与张武,阚水桥张遂分为两支,其子孙皆为张文、张武后人。张文为张涟高祖,其事迹已不详,以曾孙所望貤赠山东布政使。张武(1473—1541),字德勇,号城南先生,为张涟从高祖。张武相貌异于常人,年轻时有勇力,博览群书,文章遒劲简古。张武的科举道路很不顺利,虽然在乡学、县学中每年的考评都是高等,乃至入贡国学后考评也是高等,但确一直未能得意乡试。嘉靖十四年(1535),六十三岁的张武通过铨选补府推官。推官主管刑名,不是张武所希望担任的职务,便请求安排儒职代替,遂被转授官阶更低的弋阳王府教授。王府教授担任对藩王的教育,具体职责是用道德礼仪规范和劝导藩王并校勘经籍。明初王府长官尤其是长史多受朝廷重用,中叶后朝廷对宗藩势力的控制日益严格,王府官员职位升迁变得很困难,这使得朝廷将王府官员改用高年不第的举人或生员担任。而王府长史无法对藩王的违法活动采取直接的干预,故对藩王的约束和规劝作用有限,而且任职王府实际上也存在着很大的职业风险。张武到任后廉洁自持,用端正的品行和仪容辅佐弋阳王,并作《鉴古录》、《保祚箴》,造膝陈词,劝善归过,使弋阳王获得贤明的声誉。嘉靖十九年(1540),张武因年

---

❶ 参见:[明]张所敬《潜玉斋稿》。

老辞官归里,终日与友人觞咏弈棋,不问名利,杜门不出,次年病殁。 张武妻朱氏,为同邑良家子,为张武学成名立起到了非常重要的作用。 张武子嗣较多,去世时有子七人,长子一元先于张武去世,余子有大愚、大鲁、大畏、大俭、大受、大纳。 张武是阚水桥张氏的重要人物,品行高古,博学多识,有东汉名士陈寔、徐穉的风范。 张武扩大了阚水桥张氏的声望。 张武教书多年,其门人有徐鸣銮、潘恩等,以潘恩最为知名。 潘恩(1496—1582),字子仁,号湛川,更号笠江。 嘉靖二年(1523)进士,官至左都御史,卒赠太子少保,谥恭定。 潘恩科举和仕途的得意,使潘氏家族开始成为上海望族。 潘恩与弟潘忠、潘惠、潘恕均出仕为官,潘恩子潘允哲、潘允端得意科场,成为进士。 潘允端所建豫园又是一代名园,豫园"建第规模甲于海上,面昭雕墙,宏开峻宇,重轩复道,几于朱邸,后楼悉以楠木为之,楼上皆施砖砌,登楼与平地无异。 涂金染采,丹垩雕刻,极工作之巧"❶。 张氏与潘氏之后联姻,张武曾孙张所蕴娶潘恩弟潘恕孙女。

　　张涟曾祖辈事迹可考的有曾祖张大忠和从曾祖张大鲁。 张大忠,号谦斋,居上海杨溪。 张大忠质朴好学,性严好客,有君子之风。 妻许氏,在子张汝问娶沈氏后去世,继室龚氏。 张大忠及其继室龚氏由张汝问和沈氏奉养。 张大忠因张所望赠山东右布政使。

　　张大鲁(1501—1561),字子守,号豫斋。 张大鲁天资聪颖,读经史诸书一过不忘,为张武所喜爱,嘉靖十年(1531)中

---

❶ 参见:[清]叶梦珠《阅世编》。

举，完成了其父张武的夙愿。 然张大鲁会试参加了七次，屡试不中。 嘉靖三十二年（1553），大鲁经铨选授河南永城县令。永城民力匮乏，盗贼丛生，张大鲁到县后求治，移风易俗，修举废坠。 张大鲁到任才几个月，就赶上明代河南最大的一次农民暴动，首领师尚诏率饥民反于柘城。 农民军攻克一府二州八县，为索有罪宗室及中人围永城几昼夜，为大鲁所退。 嘉靖三十三年（1554），张大鲁在总理河道任上被诬陷，遂辞官归里，离开时永城父老遮道泣留，嘉靖四十年（1561）卒。 张武业儒，不治家产，大鲁侍奉父母，治理产业，使家境日渐宽裕；事兄敬让，同产诸弟，具有很高的德行。 大鲁妻赵氏，为浦东大姓赵节女，有贤行，子汝明。 张大鲁少与潘恩友善，其墓志铭亦为潘恩所写，其妻赵氏的墓志铭为王世贞所写。 张大鲁乡试与王世贞父王忬同榜，其孙所敬亦以王世贞为师。 张大鲁为已知的阚水桥张氏中第一位获得举人功名的重要人物，其县令的官职也达到了始祖张仲实的高度。 他在科举、仕途乃至产业的积累上进一步提高了阚水桥张氏在上海县的声誉❶。

张涟祖辈事迹可考的有祖张汝问、从祖张汝明、张汝聪。张汝问，字质夫，号东野。 生而修挺，美髯丰颐，坐立不倾倚，好读书，喜老庄。 张汝问不愿科举，二十岁时便弃儒冠，在东皋种田，以教书为业，教书所得都用来供养张大忠，一年到头都不入城市。 张大忠与继室龚氏后得一子，张汝问照顾备至。 嘉靖三十二年（1553），倭寇进攻上海，张汝问将家人安排到松江府城，但张大忠因恋家仍留居上海。 倭寇至，居郊的人家都被

---

❶ 参见：［明］潘恩《潘笠江先生集》。

倭寇破坏，张汝问为了寻找张大忠，经常登上女墙东望，寻找张大忠的身影。 倭寇退，张汝问父子返回东郊，室庐皆空，蚊虫满户，张汝问为了安慰父亲，尽力经营，又使家产得以恢复。 族兄某欺凌张汝问父子，张汝问屈节以避，后该族兄与外姓打官司不胜，张汝问又出面外御其侮。 妹婿火叔明欠官家钱财被系当成，张汝问悄悄当掉妻沈氏的首饰为火叔明还债。 总之，张汝问与妻沈氏奉其父张大忠谨顺，能委曲适父意；待亲友宽厚，能缓人之急；对三子教育严格，延请好的老师而不惜破费。 张汝问对年仅六岁的张所望寄予了很大期望，不久病卒，终年四十四岁。 这与张所望墓表中所载"童而夙孤"相一致，张汝问约生于正德十三年（1518），终于嘉靖四十年（1561）。 张汝问妻沈氏为名家女，父号宜川，有声庠序。 宜川无子，仅有一个女儿，故对沈氏格外喜爱，使其接受了良好的教育，不欲许给平凡的人。 沈父认为张汝问温润如玉，是理想的佳婿。 沈氏嫁给了张汝问后正赶上婆婆许氏去世，沈氏与张汝问尽力使张大忠开心。 沈氏擅长女工，不仅速度倍于常人，成品的售价也倍于常人。 沈氏擅厨艺，张大忠和客人都非常喜欢她做的饭菜。 张大忠的继室龚氏跟沈氏年龄差不多，但沈氏仍然把龚氏当婆婆对待。 张汝问临终嘱托沈氏好好教育儿子，尤其是张所望。 张所望年轻的时候喜欢与张所敬一道探讨诗文辞赋，沈氏教张所望能够以科举为重，考取进士光宗耀祖。 沈氏勤劳俭朴，通晓大义。 沈宜川晚年想以沈氏养老送终，沈氏拒绝了他，并从沈氏同宗子弟中选择一人过继给沈父为子。 沈父临死要把一半财产分给沈氏，被沈氏拒绝。 沈氏信佛，汝问去世后茹素终身。 总之在冯时可笔下，沈氏具有封建礼教下妇女应具备的几乎所有优点。沈氏十五岁嫁给张汝问,二十年后张汝问去世。沈氏约生于嘉靖五年(1526),卒于万历辛丑(1601)前❶。

张汝明,大鲁子,早岁入庠,后为生员,以家财从生员入鸿胪序班,后不喜官宦生活而归里,居上海县南城,有"小筑南溪乍结茅,森森庭树绿先交。季鹰岂是官能绊,叔度元非世可淆"❷句。张汝明将家产分给诸子后,晚年又得三庶子,忧形于色,其长子张所敬将自己的田产分给了三个弟弟。张汝明编有《张氏族谱》,但没有完成就去世。张汝明约去世于万历二十年(1592)至万历二十六年(1698)间❸。汝明妻陶氏(1523—1580),其父号古峰,与汝明父大鲁同受经于张武。陶氏事大鲁翁姑及父母至孝,事张汝明顺而肃,抚诸子慈而严,待姻族厚而有礼,御诸婢子僮奴整而有恩,有良好的德行。

张涟祖辈尚有张汝聪。张汝聪字允谋,万历元年癸酉(1573)中乡试,终卫学教授。张所敬有《送允谋叔春试》,然张汝聪为谁所出尚不得考证,故未将其置入世系表中。

张涟祖父张汝问有三子,分别是张所性、张所教和张所望。张所性,字伯恒,为张涟从父,其事迹仅松江诗人唐汝询在《赠张居士伯恒》中有所记述。张所性闲云野鹤,对寒士尊重,对权贵克制,似乎继承了张汝问的老庄之好。张涟父亲张所教,字仲敷,事迹不详,万历十六年之前与张所望同住在龙华。

张涟从父张所望(1556—1635)为阆水桥张氏中最为重要的

---

❶ 参见:[明]冯时可《冯元成选集》。
❷ 参见:[明]张所敬《潜玉斋稿》。
❸ 参见:[明]张所敬《解弢篇》。

人物，张所望六岁入学，为父张汝问所看重。年轻时的张所望喜欢跟随张之象、从兄张所敬讨论诗文，母沈氏认为诗文是种玉飡芝，劝说所望能够以科举为重。张所望亦发奋读书，甚至在僻静的寺庙中攻读。终于在万历二十二年（1594），即在张大鲁中举的六十三年后，三十九岁的张所望中举，这在阚水桥张氏中是一件大事。张所敬写有《喜叔翘弟举乡闱第四人》，对这件事情专门注释❶。七年之后的万历二十九年（1601），四十六岁的张所望在会试中得名三十，殿试为二甲第五名。嘉靖末年规定考取庶吉士的年龄应在四十以下，张所望也便跟随当时普遍存在的官年传统，将自己年龄也改小至三十六岁❷。所望中进士后，仕途较为顺利，由礼部转刑部主事，万历三十二年（1604）升为刑部员外郎，三十二年（1605）❸升为刑部郎中，出使襄、荣、靖江三藩，三十三年（1606）升为衢州知府，三十八年（1610）为广西副使，四十二年（1614）升为广西右参政，四十六年（1618）升为广东按察使但未到任，四十七年（1619）张所望在日趋白热化的党争背景下第一次致仕，天启四年（1624）升湖广按察使，天启五年（1625）升山东右布政使不赴致仕。张所望致仕后回到龙华故里，崇祯八年（1635）卒于家中。张所望身体清癯，性情淡泊，有乃父之风；精通佛法，又是受到沈氏的影响。张所望归里后卜筑林涧，玩道丘园，常乘一艘叫载石

---

❶ 参见：［明］张所敬《潜玉斋稿》。
❷ 查《万历二十九年进士登科录》、《万历二十九年辛丑科进士履历便览》均录张所望中进士时为三十六岁。
❸ 按《万历实录》，张所望在万历三十二年十二月底升为刑部郎中，但按照公元纪年则为1605年。因此本书此处出现了同是万历三十二年但公元年份不同的情况——编者注。

的船出游，与董其昌、陈继儒等友善。张所望擅长辞赋，通晓音律，似乎对诗信心不足。家中长物多为书画，著名的有赵孟頫的山水赋、黄公望与王渊合作的《东山小隐图》等。张所望的著作目前仅存《阅耕余录》传世。张所望的科举和仕途成就在阚水桥张氏中首屈一指，进一步提高了阚水桥张氏的家族声望，使张氏跻身于松江高门氏族的行列，为家族带来了更好的资源和更为便利的条件，其子侄尤为受益，如目前能查到的张涟最早营造的名园为王时敏的乐郊园，而王时敏的父亲王衡则与张所望为进士同年。

如果说张所望的贡献主要是提升了阚水桥张氏的政治地位和提供了更好的社会资源的话，那么张涟从父张所敬则在文艺界为阚水桥张氏开创了新的历史。张氏的家学在于《诗经》，在张所敬之前，阚水桥张氏有诗名的有张宗善、张大鲁，张宗善以诗隐居，张大鲁以诗中举，张所望也是因治《诗经》而中进士。张所敬（1541—1620后），字长舆，号黄鹤先生，为大鲁之孙、汝明之子。张所敬在十七岁时应童子试，二十岁入县学，数战乡闱未能得志，终青衿以老。张所敬约在万历四十八年（1620）至天启四年（1624）间去世。张所敬善文辞、精诗赋，在庠序时与陈所蕴并称艺林。张所敬受"后七子"尤其是王世贞影响很大，为王世贞的门生，王世贞甚至认为张所敬诗在李攀龙和汪道昆之间。张所敬诗早年风格接近孟浩然和李白，晚年风格接近杜甫，是"后七子"诗歌主张在上海的代表人物。张所敬接过了陆树声、潘恩和朱邦宪的旗帜并发扬光大，是当时云间诗坛的盟主,以至"海内名公巨卿莫不知海上有长與先生"❶。张所敬有孝行,成为上海美谈,"安得张氏祖孙父子之奕如也"❷。张所敬友弟,又以德报怨,品行端正,但才华得不到发挥,著有《潜玉斋稿》、《潜玉斋近稿》等。

受目前材料限制,南垣平辈仅考得张所望子三人,为张积基、张积源和张积润,张所敬子二人,为张积仁与张积祥。张积基早死,妻葛氏事迹存于《松江府志》中。张积源(？—1623),字圣清,为张所望仲子。因陈继儒有《张圣清传》和《杨幽妍别传》❸,所以张积源的事迹得到较多保存。此二文在当时颇为流行,时人陆云龙将其选入《翠娱阁评选十六名家小品》,贺复征《文章辨体汇选》亦选入。因二文不见他载,故摘抄如下:

> 张圣清,讳积源,上海龙华人,按察使七泽公之仲子也。君生秀慧,弱不胜衣。十龄诵诗骚,十二娴经术。神阿熊令君、淇园杨侍御试而器之,补诸生高等。举体无凡。寄情不近。望见者,如鸥拳秋水、鹤唳寥天,莫得喻其意也。
>
> 七泽公以秋官出守姑蔑,寻宪粤西。壬子入贺,挈君北行。俾游国学,以便往来省觐。母徐淑人患中满,君称药量水,揣色听声,惟

---

❶ 参见:[明]何三畏《云间志略》。
❷ 参见:[明]陈所蕴《竹素堂合并全集》。
❸ 参见:[明]陈继儒《陈眉公先生全集》。

恐跬步离左右。祷医得虎头人语，躬延顾叟，三剂而瘳。礼诸伯叔如父，抚季弟孤侄，昵如良友，巧如导师。见缁素负隐慝，不急为噍让，涕泣引谏，密祈改弦。七泽公廉于官，君鲜余镪。客有以缓急告者，以法书名画售者，强半质贷应之，否则悒怏累日。性度渊雅，能与物无忤。而德矩湛然，绝不见纵情诞节，亦不闻以雌黄坚白鸣。至于谒长吏，游大人，华裾细马，追飞逐走于少年之场。君非特坚塞耳轮，且不欲安之眉睫上矣。

尝借余手批南北史，为丹铅涂乙，不轻放一字。其他摘录异书，不胜纪。构竹安斋，又构两隐轩，因咏雨中三友，咏闲中好。其诗清真娟秀仿陶白，词亦不减柳七郎。规造一舟，名自在天。凡钓竿、诗卷、薰笼、隐囊，以至罍洗、管弦之属毕具。客至，命酌清酒一觞、枯棋一局。醉则命侍儿迦陵弄新声。君按牙以紫箫和之，渺渺度烟际而去。七泽公有小舟曰载石，父子常相尾出游。而君独时时入东畲访余，扬捡典坟、讨论桂木，申旦彻夜，彼我忘疲。

辛酉适越，次皂林。遇舟子争道，篙穿君颊，旁堕二齿。君叹曰："此宿业，勿创之。"投谒云栖塔，受杀戒。过十八涧，买瘦藤，磊砢多奇。数之正得十八节，遂名杖为十八涧，挟此复游草荡中央，夹山漾而归。时七泽公移家龙华故里，君筑室三楹。严事旃檀古先生像，一似浮图法。

俄匝岁，困肺疾。嗽嗑嗑，喘不续吁。迦陵宛转抱掖者百端，请代请殉。君不起，殁于乐无知斋中。有遗令曰《肯休录》。录云：择婿勿太急，立后勿太早，经营两亲寿藏勿太迟。家产半赡宗人，半作善事。生平玩好，分赠亲知。而笠杖杯筋，则以遗眉道人为诀。眉道人捧次，哭失声。儿曹惊怪："数年来不弹此泪久矣。"

呜乎痛哉。君事七泽公，有至行，又有苦心。橐耻而不使见窘容，神悠而不使见病态，情深而不使见悼亡诗，一痛也；跧跋名场，三战三北，虽瓦注功名，而微抱牛衣貂裘之感，二痛也；诗文吾见其进，未见其止，不啖名，不市交，推重于吾曹，而遗赏于通都大邑，三痛也；中郎有女，伯道无儿，四痛也；闻广宁破，岸帻绞衣，弯弧学射于山中，气吞并州健侠儿，而不意命脆蛛丝，蜕同蜩甲，五痛也。君尝戏谓："我洞晓声律类戴颙。若遇宋文，当给声伎一部。好鼓枻垂纶，类张志和。若遇唐玄宗，当赐樵青钓童。今钓童无恙，而樵青化为彩云，随风扬去，吾岂复有意人世哉？"君盖指白下姬幽妍也。幽妍予别有传。传成书一通,并焚君枢前。诺乃载拜三酹酒,洒泣而后行。

——《张圣清传》

幽妍小字胜儿,生母刘,行一,在南院负艳声,早岁落籍去。嗣陈氏,陈之姨董四娘挈往金阊,习吴语,遂善吴歈。董笑曰:"是儿甫八岁,如小燕新莺,不知谁家郎有福,死此雏手。"陈殁,抚于杨媪,媪奇严,课书课乡,课弹棋,妙有凤解,不督而能。女兄弟多方狡狯,嘲弄诒侮,终不能勾其一粲也。庚申,杨媪避难吴越,载幽妍与俱,年已破瓜矣。薄幸难嫁,有心未逢,俯首叩膺,形与咏叹。

一日,遇张圣清于秀林山之屯云馆,群碎满前,席纠无主,独幽妍兀坐匡床,旁无转瞩,掠鬓舐袖,笑而不言。私祷云:"侬得耦此生,死可矣。"张圣清者,才高笔隽,骨采神恬;造次将迎,绸缪熨帖;人莫觉其为廉察使子也。舟中载图史弦索,悉会小青衣排当。小青衣能射主人意中事,兼工竹肉。圣清曰:"此西方迦陵鸟。"以迦陵呼之。每携入竹屿花溪,递作新弄,而最不喜平康狭邪之游,谓此辈正堪与髯头奴,大腹长鬣贾相征逐,岂容邪魔入人心腑?至是与幽妍目成者久之。明日,遂合镜于舟次焉。

于时溽暑,昼则布席长林,暮则移榻别渚,疏帘清簟,萦绕茶烟,翠管朱弦,淋漓酒气。幽妍自谓:"十五岁以前,未尝经此韵人韵事。"即圣清亦曰:"世岂有闺中秀、林下风,具足如胜儿者乎?"昵熟渐久,绝不角劲语蝶词。两人交相怜,亦复交相重。曰:"吾曩过秀州,草庵外闻老尼经声,跃然抱出世之想,自惭绊缚,不能挈耩奋飞。今昵君串珠缠臂,持戒精严。同心如兰,愿言倚玉。十年不死,请事空王。宿羽流萤,实闻斯语。"圣清饮涕而谢之。七月,应试白下。幽妍送别清溪,注盼捷音,屈指归信,并尔杳然。及重九言旋,而幽妍先驱渡江去矣。

自此低迷憔悴,瘵疾转深,腰减带围,骨见衣表。王修微谓余曰:"吾生平不解相思病何许状,亦不识张郎何许人,今见杨家儿大可怜,始知张郎能使人病,病者又能愿为张郎死,郎不顾,立枯为人腊矣。"圣清闻之,遣急足往视,幽妍开缄捧药,涕泗汍澜。妪凶怒,闭绝鱼雁,消息不通。幽妍典籍珥,赂侍儿,属桃叶渡闵老作字以达意焉。扃鐍斗室,不见一人。即王孙贵游剥啄者,指刀绳自矢而已。媪卞怒并甚,挝詈无人理。取死数四,救而复苏。不得已,复载之东来。

圣清侦状，义不负心。有侠客徐内史，就中为调人，弹压悍妪。无得故悬高价，杀此铁石儿。妪唯唯。圣清乃纳聘，迎为少妇。稽首廉察公，逡逡如女士。且觊宜男，勿诘责也。

比入室，病甚，犹强起熏香浣衣，劈笺涤砚。圣清手书唐人百绝句授之，读皆上口。又雅能领略大义，每回环离肠断魂之句，掩抑不自胜，真解语花也。病中解脱，了无怖容。佛号喃喃，手口颇相续。忽索镜自照，不觉拍几恸哭曰："胜儿薄命，遂止于斯！"又好言谓圣清曰："君自爱，切勿过为情痴，旁招诃笑。妾如有知，当转男子身，以报君耳。"又曰："妾命在呼吸，偃大人新宅不祥，盍移就郡医疗之。"岁逼除夕，圣清归侍椒觞别去。幽妍憿憿喘益促，侍儿问有何语转寄郎君，但瞪目捶胸，不复成声矣。盖壬戌腊月二十七日也。

圣清奔入城，且号且含殓。延僧修忏，撒荤血者兼旬。雕刻紫檀主，置座隅，或怀之出入衣袖衾裯间。食寝必祝，祝必啼，啼曰："吾欲采不死药，乞返魂香，起幽妍于地下，而不可得。又欲金铸之，丝绣之，倩画师写照百回，而未必肖也。何如征传眉道人，为逝者重开生面乎？"余曰："传且就，恐挑哀端,俟君病良已,乃敢出。"而讵料君之终不及见也。

　　幽妍墓在龙华里。圣清选地结茆龛,祀文佛如来,偿其始愿。修竹老梅,环映左右。清芬凉影,飒如有人。画眉郎、散花女,其将比肩捉臂,踏歌而嬉于此乎?古有庐江吏、华山畿、欧阳詹、秦少游之义倡,纠结夙缘,一恸而卒。初疑出于诞妄,今乃信为果然。如幽妍圣清者,少判在凤棠群、鸳鸯牒中,岂死于情哉?死于数也。余不忍,以介静辞,为作别传,付子墨墨娥,相与流通之。死乎?不死矣。

——《杨幽妍别传》

　　张积源相貌秀慧,弱不胜衣,其形象与父张所望相仿佛。十龄诵诗骚,十二娴经术。生员考试时受到华亭县令熊剑化和巡按苏松的杨庭筠的赞赏,补诸生高等。按熊剑化万历三十二年(1604)到任华亭县令,而杨庭筠在万历三十三年(1605)短时期地巡按苏松,故张积源受熊杨二人赞赏应在万历三十三年,如果借鉴张所敬的二十岁就进学经历的话,张积源就大致生于万历十四年(1586)左右,与张涟几乎为同龄人。万历四十年(1612)张所望带张积源入京,进国学。对父亲张所望和母亲徐氏至孝,对待诸伯叔像对待父亲一样,照顾季弟孤侄,如良友如导师一般。张积源能周人至急,待人真诚,性度淹雅,品德高尚。张积源的诗仿陶渊明和白居易,词仿柳永,通晓声律,擅长弹琴。 张积源的科举道路并不顺利,三次乡试均落第。 张积源热衷于舟游,有船名"自在天",钓竿、诗卷、熏笼、隐囊,甚至罍洗、管弦等都放在船上。 客人到来,命人准备清酒一瓶、枯棋一局,醉后则让能歌的迦陵唱新曲,张积源则以牙板吹紫箫相和。 张积源经常跟随父亲张所望出游,与陈继儒为忘年交。 天启元年(1621)张积源到浙江游览,在嘉兴桐乡遇到舟子争路,被船篙误伤。 张积源与张所望一样,笃信佛教,严事旃檀。 张所望还家龙华后一年,张积源因肺病去世。 按张所望还家当在天启二年(1622),张积源约卒于天启三年(1623)。

张积润,字次璧,为张所望次子。 善音律,曾作传奇《双真记》,其所作散曲在《南词新谱》中有收。 张积润从华亭移居上海后,顺治四年(1647)尚在世❶,张积润也笃信佛教,为龙华寺的施主之一。 张积仁,有声庠序,撰有《蝉栖识小》五卷。 张积祥,有声庠序,著有《芥舟小草》、《诗撮》。

张涟有四子,三子张熊、四子张然已为人熟知,尚有子张轶凡,疑为南垣仲子。 轶凡亦能造园,颇有事迹❷。 张熊、张然事迹曹汛已有较为详细的考证❸,张然曾入京供奉内廷,为"山子张"的创始人。 叶梦珠《阅世编》载:"(张所望)方伯年八十一卒,子孙继殁。 今故业荡然,止有一孙,几于负薪矣。"❹ 张所望去世后,子孙相继离世。 此孙指张积基子张天彝,张天

---

❶ 参见:吴春龙《龙华镇志》。
❷ 参见:笔者《张氏叠山造园管窥——以祁彪佳寓园为例》。
❸ 张熊及张然叠山造园事迹见曹汛《追寻张熊,追寻张氏之山》《清代造园叠山艺术家张然和北京的山子张》《史源学材料的史源学考证示例,造园大师张然的一处叠山作品》。
❹ 参见:[清]叶梦珠《阅世编》。

彝曾随张积源、张积润校张所望的《阅耕余录》。张积仁子张天培，入清后以恩贡为韩城县丞，至平远令，曾增修《平原县志》。南垣有侄张鉽，字宾式，善叠山造园，曾为秦氏改筑寄畅园。从子辈姓名命名方式来看，张南垣一支似从张所教起已从阘水桥张分出，南垣子名均为火字底字，而张鉽名为金字旁，张鉽之父或为南垣亲兄弟。

张涟孙目前仅知道张然子有张元炜和张淑二人。张元炜字铨侯[1]，张淑字玉侯，俱随张然供奉过内廷。张元炜和张淑的后人，黄与坚的张然墓志铭有叙述："君封儒林郎，配洪氏，封安人。子二人，元炜候选州同知，淑候选监运同知。孙三人，大成候选县丞，元炜出。大鹏太学生，大鲲幼，皆淑出。曾孙一人，麟佳，大成所出。"《嘉兴府志》南垣条："及至淑，其术遂不传。"[2] 从张然墓志铭可以看到张然后人以贡监考职，又重新开始走向学而优则仕的进身道路。张淑后的"山子张"，其世系需进一步考证。

张涟生于上海龙华，其家族出自世居上海的阘水桥张氏，并非张然墓志铭中载"按张氏世籍华亭"，张南垣为华亭人、秀水人的说法并不准确，其出身也非自普通平民或匠人。自张仲实至张涟，阘水桥张氏共传十世，以诗书世家。张涟入华亭县学读书，也是张氏家族读书世家的体现。

虽然阘水桥张氏家族世代业儒，但通过现有材料发现，有明一代进士仅南垣叔父张所望一人，举人仅张大鲁、张汝聪。科

---

[1] 曹汛在《史源学材料的史源学考证示例，造园大师张然的一处叠山作品》中认为张铨侯为张然别号，笔者认为张铨侯即张元炜，详见第一章。

[2] 参见：[清] 嘉庆《松江府志》。

举功业相对松江徐氏、潘氏、诸张氏等不算辉煌。大部分业儒成员皆止步于乡试，如张武、张汝明、张所敬、张积源、张积润等。一些科场失意或无意仕进的家族成员也受弃巾归山潮流的影响，他们自觉或被迫选择归隐或弃巾，为了生计不得不向别的行业发展，如张南垣祖父张汝问即青年弃巾，耕于东皋；张南垣伯父张所性坐而谈玄，悠游林下。而曾作为华亭学生的张南垣弃巾后从事造园维持生计，也自然在情理之中。

阚水桥张氏仕途并不顺利，张武、张伯声、张汝聪、张汝明等官职卑微，张大鲁仅至县令，仅有张所望中进士后官至山东右布政使。张所望使阚水桥张氏从上海大族发展至松江望族，对阚水桥张氏各方面的发展都起到了很大作用。

阚水桥张氏有较高甚至很高的社会交往圈子和较大的影响力。为张氏家族撰写墓志、墓表、传记、序言及诗文唱和的多为明代文化精英。如张武与张大鲁的墓志铭为潘恩所写，张大鲁与妻赵氏的墓志铭为王世贞所写，张汝明妻陶氏墓志铭为屠隆所写，张汝问及妻沈氏墓表为冯时可所写，张所望墓表为陈子龙所写，张积源的传记为陈继儒所写，《张氏族谱》序及张所敬八十寿序为陈所蕴所写，张所望的《阅耕余录》序为陈继儒和宋珏撰写，张积润的曲序为宋征舆所写等。松江及上海各方志及地方人物志中，有张仲实、张武、张大鲁、张所敬和张所望等人的传记。这些都充分表明，阚水桥张氏在上海县、松江府乃至更大范围的社会交往圈都有相当的影响。

阚水桥张氏家族在诗文、绘画、音乐、戏曲和收藏等方面有所成就，如张所敬善诗文，主盟松江诗坛；张所望精通音律，善度曲，有赵孟頫、黄公望等的书画收藏，并与陈继儒、董其昌等松江画派领袖人物、曾鲸等波臣派领袖人物交往甚密；张积源虽诗文不显，但善弹琴、度曲，甚至有"江左风流第一人"❶的赞誉；张积润善戏曲，有《双真记》。张涟受到家庭环境的熏陶，"少学画，好为人像，兼通山水"，甚至"谒董其昌"，便不足为奇了。在叠山造园方面，张涟也受到了直接的影响。如所望父子爱好自然，张所望致仕后建有黄石园；张积源建有竹安斋、两隐轩等；张所敬则建有潜玉斋。此外张氏家族身边聚集了相当数量的上层文人、画家和戏曲家。园林是他们之间的交游活动的重要场所，也是他们引领风尚的重要媒介乃至载体。在家族影响下，张涟应亦得到便利的游园和实践条件。

阚水桥张氏有良好的家风。张氏家族的代表人物张大鲁、张汝明、张汝问、张所敬、张所望、张积源等均有高洁的德行，如张汝问的德行为冯时可所激赏；张所敬的孝行成为上海美谈；张所望的淡泊为陈子龙钦佩；张积源的品行和故事甚至被陈继儒作传；张积源的嫉恶如仇则为云间二子的陈子龙、宋征舆所赞赏。张涟"无窍"对友人吴伟业仕清的讽刺，无疑受到了家庭环境的熏陶❷。

---

❶ 参见：[明]唐汝询《编蓬后集》。
❷ 见黄宗羲《张南垣传》：梅村新朝起用，士绅伐之。演传奇至张石匠，伶人以涟在坐（应为座），改为李木匠。梅村故靳之，以扇确几，赞曰："有窍！"哄堂一笑，涟不答。及演至买臣妻认夫，买臣唱切"莫提起朱字"，涟亦以扇确几，曰："无窍！"满堂为之愕眙，梅村不以为忤。
又钱泳《履园丛话》：吴梅村祭酒既仕本朝，有张南垣者，以善叠假山游于公卿间，人颇礼遇之。一日到娄东，太原王氏设宴招祭酒，张亦在坐（应为座）。因演剧，祭酒点《烂柯山》，盖此一出中有张石匠，欲以相戏耳。梨园人以张故每唱至张石匠，辄讳张为李，祭酒笑曰："此伶甚有窍。"后演至张必果书。有云"姓朱的有甚亏负你"，南垣拍案大呼曰："此伶太无窍矣！"祭酒为之逃席。

张涟家族人物及其事迹的发现，家族世系的建立与完善，社会交往的分析与探讨，为深入研究张涟叠山造园思想与风格的形成、发展和创新，为深入研究中晚明江南造园思想、风格和实践的嬗变提供了新的内容、角度和视野。

第三章

张涟家族的社会交往

"明代江南地区的'士大夫'是十六世纪以来中国历史上极有特点的社会势力。他们凭借着江南地区发达的经济文化有利条件,通过各种途径获取政治上的功名,然后扩展经济实力,引领当时的社会风潮,在江南社会中扮演着极其重要的角色。"❶ 张涟出于阚水桥张氏,家族累世以诗书进身。张氏家族在当时的松江文化圈都有着重要影响。家族提供的良好的教育条件、社会交往与交游网络,对张涟成为造园大师起到了相当大的作用。

在笔者研究之前,阚水桥张氏并没有与张涟发生关联。阚水桥张氏虽然为上海望族,但其事迹与其他望族相比不甚显著,其社会交往需要从各文献中搜集。笔者根据目前整理的相关文献材料,得到张涟家族有直接社会交往的约有70人(见表2~表5),其社交涉及张涟的祖辈、父辈与同辈共7人。70人中,3人死于张涟生年前,如果18岁算成年,则死于张涟出生后成年前的仅有7人。70人中绝大部分与张涟生活的年代有所重合,因此对这70人样本的分析对于考察张涟家族的社交圈无疑具有

---

❶ 参见:李洵《论明代江南地区士大夫势力的兴衰》。

重要的参考价值。

张涟家族的社交圈构成,可以从多方面和角度进行考察,如社会交往关系、社会阶层划分、地域、职业和爱好等,当然更要考虑社交圈对张涟的直接影响。

如按社会交往关系考察,张涟家族的社交圈可分为师谊、同年、姻亲和友人几类。

明代的学校可分为官学和私学两类。官学有中央的国子监、宗学、武学与地方的府学、州学、县学、卫学、运学和社学等,其中社学属官督民办性质,私学则有书院和私塾❶。主考官及阅卷官与中榜的考生之间也以座主或座师与门生相称,顾炎武《日知录》卷十七"座主门生"条说:"贡举之士,以有司为座主,而自称门生。"❷考生对推荐试卷的同考官则以房师相称。一般而言,师生关系是社会交往中较为稳固的一种关系,尤其以座师与门生的关系为最。目前发现与张涟家族有师谊的人物见表2。

表2 与张涟家族有师谊的人物(笔者自制)

姓名	籍贯	出身	官职	特长	张涟家族	关系	交往内容
潘恩	上海	进士	赠太子少保	诗文	张武	门生	交游
王世贞	太仓	进士	南京刑部尚书	诗文/戏曲	张所敬	老师	诗文唱和
冯琦	临朐	进士	礼部尚书	诗文	张所望	座师	不详
董谊台	不详	进士	不详	不详	张所望	座师	贺诗
潘焕宸	上海	学生	无	诗文	张所敬	门生	交游

❶ 参见:高德权《试论明代的教育及其管理制度》。
❷ 参见:[明]顾炎武《日知录集释全校本》。

潘恩少从张武学习，嘉靖二年（1523）进士，官至左都御史致仕，赠太子少保，谥恭定，张武墓志铭即为潘恩所写，"属公之门人恩作铭刻石"❶。潘氏与张氏家族有较为密切的交往，潘恩晚年在其别圃筑四老堂，与其三个弟弟悠游其间，潘恩弟恕孙女嫁张武曾孙张所蕴。潘恩有子允哲、允端最为知名，其中允端筑一代名园豫园（图3）。张氏因与潘氏交往，也常常进入豫园游赏。如张所敬便是豫园的常客，曾有散诗如下：

　　方伯潘公累奇石为山，中一峰笋然杰峙，
　　势欲翔舞。公命名参斗，谓其高且北向也。散
　　赋一诗，并邀季文昆玉同赋。
　　青天巧削洞庭资，苍翠嶒嶒影碧漪。
　　缥缈似分仙峤胜，参差遥杂夏云奇。
　　凌空不受庾尘染，依斗常悬魏阙思。
　　想得年年称寿处，彩衣争指颂维祺。❷

后张所敬成为潘允端孙潘焕宸西席，经常游宴其中，张所敬有《豫园并头莲花歌》：

　　江南名园谁第一？安仁里第无争先。
　　凿池回环象瀛岛，手种太华峰头玉。❸

---

❶ 参见：[明] 潘恩《潘笠江先生集》。
❷ 参见：[明] 张所敬《潜玉斋稿》。
❸ 参见：[明] 张所敬《潜玉斋稿》。

图3 上海豫园

张所敬从王世贞学习，两人诗文书信交往甚密，受所敬请托，王世贞为所敬祖大鲁妻赵氏作墓志铭。作为当时文坛盟主的王世贞热衷建园、游园，著名的弇山园即为其私园。在诗文风格上，张所敬继承了王世贞的"文必秦汉、诗必盛唐"的复古路线，成为云间诗坛一时盟主。王世贞除赞许张所敬诗作外，还有书画往来，《弇州四部稿》中《吴中诸帖》云：

> 右吴文定公宽一纸，歌行古选各一纸，仿眉山太欹斜，当令长公见之攒眉耳。祝京兆允明、文待诏徵明各二纸，王征士宠一纸，皆尺牍。京兆最草草而最有致。陈太学道复二纸，其后一纸楷书行。题名不辨为道复也，乃知此君晚退耳。今辄以赠张长舆，而题其后。长舆日临池，不知小可得力否？❶

足见其师生关系的融洽。

---

❶ 参见：[明]王世贞《弇州四部稿》。

科举时代称同科考中者为同年。王安石曾说："同官同齿复同科，朋友姻亲分最多"❶，可见同年关系之重要和亲密。除《登科录》外，同年之间编有《履历便览》等，类似现在的同学录，以供交往联系。张涟家族中举人以上者有张大鲁、张所谋和张所望。张所谋万历庚子（1600）举人仅载于张然墓志铭中，属于不准确的信息，故本文暂不对其进行讨论，而张所望进士同年取目前能查到与所望有文献直接交往者列于表3。

表3 与张涟家族有同年关系的人物（笔者自制）

姓名	籍贯	出身	官职	特长	张涟家族	关系	交往内容
王忬	太仓	进士	右都御使	政治	张大鲁	乡试同年	无
张以诚	华亭	进士	翰林院编修	诗文	张所望	进士同年	同作书序
王衡	太仓	进士	翰林院编修	诗文/戏曲	张所望	进士同年	不详
徐桢稷	华亭	进士	温处道	诗文	张所望	进士同年	同作书校
瞿汝说	常熟	进士	湖广提学佥事	兵略	张所望	进士同年	不详
熊剑化	丰城	进士	华亭县令	诗文	张所望	进士同年	不详

张涟从曾祖张大鲁乡试同年有王忬。王忬（1507—1560），字民应，号思质，江苏太仓人，王世贞之父。官至兵部右侍郎、蓟辽总督，积怨严嵩，遂下狱，被斩于西市。王世贞《永城知县张君暨配赵孺人合葬志铭》："永城令何人也？吾先大夫之所同举于乡者也。"❷ 大鲁孙所敬能师从王世贞，抑或与此有关。

张涟从父张所望为阆水桥张氏中春闱第一人。万历辛丑科

---

❶ 参见：[宋]王安石《临川先生集》。
❷ 参见：[明]王世贞《弇州续稿卷》。

三甲共 301 人，其中目前可以查到与张所望有密切交往的有张以诚、王衡、瞿汝说、熊剑化等人。张以诚、徐祯稷与张所望为林景旸《玉恩堂集》作序和校阅，三人应有更深交往❶。王衡（1562—1609），字辰玉，号缑山、别署蘅芜室主人，江苏太仓人。万历时期首辅王锡爵之子，明末清初画家王时敏之父。万历二十九年（1601），王衡榜眼及第，授任翰林院编修。后辞官归隐，中年早卒。王衡著有《缑山集》等传世，他又是明代南剧的名家，编写有《郁轮袍》、《真傀儡》、《没奈何》等杂剧名篇。现有材料虽不能直接证明王衡与张所望的交往，但王衡与同年张以诚等交往甚密，并与陈继儒、董其昌交往深厚，且擅长南剧，这些材料表明王衡与张所望存在不少交集。王时敏于泰昌元年（1620）修筑乐郊，延请张涟改建并与之交往。王时敏在其晚年的《乐郊园分业记》中写道：

> 乐郊园者，文肃公芍药圃也，地远嚣尘，境处清旷，为吾性之所适。旧有老屋数间，敝陋不堪容膝。己未之夏，稍拓花畦隙地，锄棘诛茅，于以暂息尘鞅。适云间张南垣至，其巧艺直夺天工，怂恿为山甚力。吾时正年少，肠肥脑满，未遑长虑，遂不惜倾囊听之。❷

---

❶ 参见：[明] 林景旸《玉恩堂集》。
❷ 参见：[清] 王时敏《王烟客先生集》。

己未即万历四十七年(1619)。瞿汝说父景淳,嘉靖二十三年(1544)榜眼,汝说子式耜,为钱谦益门生。熊剑化,万历三十二年(1604)至三十六年(1608)任华亭知县。张涟此时似为华亭学生,张所望子张积源在考试中被熊剑化称赞和重视,补为诸生高等。

姻亲是名门望族保持交往的重要手段。叶梦珠《阅世编》卷五门祚列举云间科举起家的望族 67 家❶,其中不乏与张氏通婚者,现根据掌握材料,列表见表 4。

表 4 与张涟家族有姻亲的人物(笔者自制)

姓名	配偶	备注	其他
张时	妻周氏		
张武	妻朱氏	封孺人,乃同邑名家子	
张大鲁	妻赵氏	封孺人,浦东大姓	
张汝明	妻陶氏	光禄署正陶翁孙、太学陶古峰女	女三人,适王玉润、刘光祚、赵一辛
张所敬	妻唐氏,继徐氏	唐氏父为商城主簿、徐氏封孺人	
张所蕴	妻潘氏	潘恩弟潘恕女	
张大忠	妻许氏,继龚氏	孺人	
张汝问	妻沈氏	赠淑人,名家女,父宜川	
张所望	妻徐氏	封淑人	
张积基	妻葛氏		

上述与张氏通婚的家族,朱、赵、唐、徐、潘、沈等皆为松江大姓,大多为官宦家族,但其亲家官职都不高,大多为中下级

---

❶ 参见[清]叶梦珠《阅世编》。

官僚或缙绅，在目前发现的材料中，以张所蕴妻族潘氏最显。从这些家族的交往中可以看出，这些通婚家族大多往来甚密，成为张氏社交圈中重要的组成部分。

友人界定较为宽泛和复杂，有着多种交往原因和途径，本文中友人指与张氏交往较为频繁的同辈，但一些人与张氏两代人都以友相称。根据笔者掌握的材料，列表见表5。

表5　张涟家族的友人（笔者自制）

姓名	籍贯	出身	官职	特长	张涟家族	主要交往内容
曾鲸	莆田	布衣	无	肖像画	张所望	作画
陈继儒	华亭	布衣	无	诗文/书画	张所望	同社交游
					张积源	交游社论文
陈所蕴	华亭	进士	南京太仆寺少卿	诗文	张所敬	诗文唱和
					张所望	诗文唱和
陈子龙	华亭	进士	兵科给事中	诗文	张积润	撰文
董其昌	华亭	进士	南京礼部尚书	诗文/书画	张所望	同社交游
杜开美	上海	诏选	中书舍人	诗文	张所敬	诗文唱和
杜士冠	上海	诸生	无	诗文	张所望	诗文唱和
杜士全	上海	进士	黄县知县	诗文	张所望	撰文
杜献璠	上海	进士	刑部员外郎	诗文	张所敬	诗文唱和
冯时可	华亭	进士	贵州布政司参政	诗文	张所望	撰文
顾从德	上海	诸生	鸿胪序班	诗文/收藏	张所敬	诗文唱和
顾从义	上海	诏选	大理寺评事	诗文/书画/收藏	张所敬	诗文唱和
顾斗英	上海	诸生	无	诗文/书画	张所敬	交游/诗文唱和
顾昉之	上海	不详	不详	诗文/书法	张所敬	诗文唱和
顾君法	松江	不详	不详	不详	张所敬	诗文唱和
顾正谊	上海	诸生	中书舍人	诗文/书画	张所敬	诗文唱和

续表

姓名	籍贯	出身	官职	特长	张涟家族	主要交往内容
何三畏	上海	举人	绍兴推官	诗文	张所敬	诗文唱和
					张所望	诗文唱和
黄体仁	上海	进士	东兖道副使	诗文	张所望	代诗
林景旸	上海	进士	南京太仆寺卿	诗文	张所望	撰文
林有麟	上海	诸生	龙安知府	书画/收藏	张所望	撰文
刘方	长洲	布衣	无	戏曲	张所望	同社交游
					张积祥	同社交游
吕克孝	上海	举人	工部郎中	诗文	张所敬	诗文唱和
麻衣	不详	僧人	无	不详	张所望	同社交游
莫是龙	华亭	诸生	无	诗文/书画	张所敬	诗文唱和
潘恩	上海	进士	赠太子少保	诗文	张大鲁	交游
潘上民	松江	不详	不详	不详	张所望	诗文唱和
乔一琦	上海	武举	游击	诗文/武艺	张所敬	诗文唱和
秦昌遇	上海	名医	无	医术/诗文	张所望	同社交游
璩之璞	上海	布衣	不详	书画	张所敬	诗文唱和
沈邦宪	松江	不详	不详	不详	张所敬	诗文唱和
沈弘之	嘉定	布衣	周延儒记室	诗文	张所敬	雅社交游
					张积源	雅社交游
沈明臣	鄞县	布衣	无	诗文	张所敬	诗文唱和
沈士充	华亭	布衣	无	书画	张所望	作画
施绍莘	华亭	诸生	无	戏曲	张积源	散曲点评
宋珏	莆田	诸生	无	书画/篆刻	张所望	作序
宋懋澄	华亭	举人	无	诗文/收藏	张所望	诗文唱和
宋征舆	华亭	进士	副都御史	诗文	张积润	交游/作序
孙七政	常熟	不详	无	诗文/收藏	张所敬	诗文唱和
唐陈彝	上海	不详	不详	诗文	张所敬	雅社交游
					张积源	雅社交游

续表

姓名	籍贯	出身	官职	特长	张涟家族	主要交往内容
唐孟庄	华亭	不详	不详	诗文	张所敬	雅社交游
					张积源	雅社交游
唐汝询	华亭	布衣	无	诗文	张所敬	雅社交游
					张所望	诗文唱和
					张积源	雅社交游
					张积润	诗文
唐一卿	松江	不详	不详	不详	张所敬	诗文唱和
唐仲言	松江	不详	不详	不详	张所敬	诗文唱和
屠隆	鄞县	进士	礼部郎中	诗文戏曲	张所敬	交游撰文
王玄超	松江	不详	不详	不详	张所敬	雅社交游
					张积源	雅社交游
王穉登	长洲	布衣	无	诗文/书画	张所敬	交游撰文
徐唐运	松江	不详	不详	不详	张所敬	雅社交游
					张积源	雅社交游
吴逸一	松江	不详	不详	不详	张所敬	雅社交游
					张积源	雅社交游
俞子如	上海	进士	刑部主事	诗文	张所敬	诗文唱和
袁福征	华亭	进士	唐府左长史	诗文	张所敬	诗文唱和
张萧	华亭	进士	南京吏部右侍郎	诗文	张所望	诗文唱和
张元里	松江	不详	不详	不详	张所敬	雅社交游
					张积源	雅社交游
张元应	松江	不详	不详	不详	张所敬	雅社交游
					张积源	雅社交游
张之象	上海	诸生	浙江布政使司经历	诗文/收藏	张所望	收藏交游
赵宧光	太仓	布衣	无	诗文/藏书	张所望	题字

续表

姓名	籍贯	出身	官职	特长	张涟家族	主要交往内容
周裕度	华亭	诸生	无	书画	张所望	同社交游
朱察卿	上海	诸生	无	诗文	张所敬	诗文唱和
朱家法	上海	进士	工部郎中	诗文	张所敬	交游撰文
朱国盛	上海	进士	太常卿	书画/戏曲	张所望	同社交游
邹迪光	无锡	进士	湖广提学副使	诗文/书画	张所望	书信/交游

其中与张大鲁交往的1人，与张所敬交往的35人，与张所望交往的24人，与张积祥交往的1人，与张积源交往的11人，与张积润交往的3人，有15人与张氏家族多人有所交往，如陈继儒、陈所蕴、何三畏、唐汝询等。从友人数量上来看，张所敬、张所望无疑是张氏社交中的核心人物，张积源、张积润等在社交中较为活跃。可见作为政坛实力派的张所望和作为云间文坛领袖的张所敬，从政治、经济和文化方面扩大了张氏的社交范围，提升了张氏的社交能力。张所望、张所敬的子侄是张氏社交圈提升后的直接受益者。阆水桥张氏的社交内容主要集中在诗文、书画、收藏、戏曲、游赏等方面，这也是明代士人生活娱乐的主要内容。

冯尔康等编著《中国社会史研究概述》认为，所谓缙绅，指的是现任官员、留职离任官员、封赠官、捐纳官等，或被称为官僚地主。绅衿则是指有功名（学衔）而未仕的人物，包括文武举人、监生、生员等。两者对地方有相当的影响，又常居乡，所以有的学者又名之为"乡绅"❶。如果将上述与阆水桥张氏有社

---

❶ 参见：冯尔康《中国社会史研究概述》。

会交往的 70 人按照社会阶层划分，可划分为官员、绅衿与布衣三种（表6）。

与张涟家族交往的 70 人中，白身 21 人，曾有官职 35 人，14 人不详，其中从三品以上的高级官员 8 人。官员，尤其是中下级官员是张涟家族交往的重要人群，占比一半。这些官员除少数为荫选外，大多数均为科举出身。

表6 张涟家族社交圈中官员分析（笔者自制）

身份		数量	百分比
官员	从三品上	8	11.4%
	从九品至从三品	27	38.6%
	小计	35	50%
白身		21	30.0%
不详		14	20.0%
总计		70	100%

70 人中 14 人出身不详，但这 14 人皆能诗文，为诸生的可能性较大。除此 14 人外，进士出身 31 人，举人出身 4 人，诏选 2 人，诸生 11 人。举人中 1 人未仕，诸生 11 人中有 8 人未仕（表7）。科举考试是明代社会阶层垂直上升的重要通道，但明代后期乡试录取比例逐步下降，生员的上升渠道受到显著影响，明末生员已形成较为独立的社会力量❶。对于少数幸运者来说，科举成为他们仕进的快速通道，而对于大部分屡次败北的失意者而言，则是不堪回首的伤心路径。科场失意或无意仕进的生员为

---

❶ 参见：[明]顾炎武《顾亭林诗文集》。

了生计,不得不考虑未来的出路,大部分生员则保留身份以便享受生员待遇,青衿以老不绝笔端。而绝意仕进的生员则放弃生员身份,不得不向别的行业发展。张涟家族虽然是诗书世家,但绝大部分成员科举并不得志,中举者仅有张大鲁一人,中进士仅有张所望一人。未中举的生员多保留了生员身份,以张汝明、张所敬、张所蕴等为代表,而一些成员则放弃生员资格,张涟祖张汝明即在青年时就弃巾隐居,以教书种田为业。因此早年作为华亭学生的张涟,弃巾后从事造园也自然情理之中。

表 7 张涟家族社交圈中的绅衿分析(笔者自制)

身份		数量	未仕人数
进士		31	0
举人		4	1
诏选		2	0
诸生	监生	2	1
	贡生	1	1
	荫生	2	0
	生员	6	6
	小计	11	8
总计		48	9

明末生员弃巾者众,9位布衣皆为文士,这些布衣多从文艺方面与张涟家族交往。其中有著名山人陈继儒、王穉登、沈明臣等,有文人赵宧光、唐汝询、沈弘之等,有画家曾鲸、沈士充、宋珏等,有戏曲家刘方等。方伎2人,一为名医秦昌遇,一为名僧麻衣和尚,他们与张所望、董其昌、陈继儒、朱国盛等共称"瑁湖六逸"。《西清札记》有《无名氏云间高会图》:

绢本设色，画云松罨壑，露柳临溪。中六人，一人据按展卷欲书，二并观，二伫立，柳堤上一僧手持拂趺坐陂陀。无款印。后幅题跋：山阴高会图凡四人，香山九老图九人，独乐图七人，西园雅集图十六人。此图六人，余与陈眉公、张七泽、朱云崃已足山阴高会之数。因雅集图有方外陈碧虚、秀铁面，而秦景云好道言，麻衣和尚多灵异，故著置岩壑。比东都七人五百余岁加其一。又余年七十有七，七泽年七十有六，仲醇年七十有四，惟朱太常年止六十一，乃入三老中者。以东都会皆高年，司马君实才五十有六，犹是辞官居洛时也。晋人云：居为远志，出为小草。右军誓墓不出，何必捉鼻东山？余虽缪为同社君子推长，湖山不至，林惭涧愧。乃兹趣装赴召，一丘一壑，不能自固。恐稚圭北山之移，非向长损卦之旨。第所与猿鹤盟者，在彭泽八十日闲耳。

　　崇祯四年嘉平八日晋陵舟次题　　董其昌❶

　　张涟家族社交图中的人物籍贯见表8。70人中，2人籍贯不详，松江府10人，华亭17人，上海25人，长洲2人，嘉定1人，常熟2人，太仓3人，无锡1人，仁和1人，鄞县2人，丰

---

❶　参见：[清]胡敬《西清札记》。

城1人,莆田2人,临朐1人。可知与张涟家族交往的人士的籍贯以松江府最多,松江府中以上海籍为多,这应是张涟家族世籍上海的缘故。人数其次的为松江府周边的苏州府。而莆田籍的曾鲸、宋珏则可能与其长期在长三角区域活动有关。此外,张涟家族成员的座师、同年、担任地方官的所在州府也是影响社交人物籍贯的一个因素。总体就样本而言,与张涟家族交往的士人的人数,随着其籍贯与松江府的距离增加而递减,也反映出张涟家族社交的地域性。

表8 张涟家族社交圈中人物籍贯分析(笔者自制)

籍贯(省)	籍贯(府)	籍贯(县)	数量	百分比
南直隶	松江		10	14.3%
		华亭	17	24.3%
		上海	25	35.7%
	小计		52	74.3%
	苏州	长洲	2	2.9%
		嘉定	1	1.4%
		太仓	3	4.3%
		常熟	2	2.9%
	小计		8	11.4%
	长洲	无锡	1	1.4%
	小计		61	87.1%
浙江	杭州	仁和	1	1.4%
	宁波	鄞县	2	2.9%
江西	南昌	丰城	1	1.4%
福建	兴化	莆田	2	2.9%
山东	潍坊	临朐	1	1.4%
	不详		2	3.1%
	总计		70	100%

与张涟家族交往者多有才艺,其中擅诗文46人,擅书画15人,擅戏曲6人,收藏5人,医术1人,佛教1人,兵略2人,武艺1人(表9)。以对张涟造园有直接影响的绘画为例,张涟家族中的张所望、张所敬、张积源等人与当时一些著名画派的代表人物都有交游,如松江画派的代表人物顾正谊、莫是龙、董其昌、陈继儒、沈士充等,吴门画派的邹迪光、宋珏、周裕度等,波臣画派的曾鲸等,这为张涟学画创造了便利的条件。张涟少学画,好为人像,兼通山水❶,人像可能受曾鲸波臣派的影响,而山水则受到松江画派的直接影响,因其家族与松江画派的代表人物董其昌、陈继儒交往甚密,故有可能得到董、陈二人的指点,而张涟叠山风格又受到松江画派的影响,故董陈二人称赞张涟"知画脉"。

表9　与张涟家族交往的画家(笔者自制)

姓名	籍贯	交往人物	擅长	画派
曾鲸	莆田	张所望	人物	波臣派
陈继儒	华亭	张所望、张积源、张涟	山水	松江画派
董其昌	华亭	张所望、张涟	山水	松江画派
顾从义	上海	张所敬	水竹花石	不详
顾斗英	上海	张所敬	花卉	不详
顾正谊	上海	张所敬	山水	松江画派
林有麟	上海	张所望	山水	不详
莫是龙	华亭	张所敬	山水	松江画派
璩之璞	上海	张所敬	山水、翎毛、花卉	松江画派
沈士充	华亭	张所望	山水	松江画派
宋珏	莆田	张所望	山水,松	吴门画派

---

❶ 参见:[清]吴伟业《吴梅村全集》。

续表

姓名	籍贯	交往人物	擅长	画派
周裕度	华亭	张所望	花鸟，山水	吴门画派
朱国盛	上海	张所望	山水	松江画派
邹迪光	无锡	张所望	山水	吴门画派

　　阚水桥张氏的社会交往对张涟的造园活动无疑是有非常重要的影响的。现有材料表明，张涟在年轻时就已经以叠山造园知名，其最早的名园是王时敏的乐郊园。而张涟与王时敏结识，似乎与张所望、王衡乃是进士同年有关，加之张涟叠山技艺非凡，因此王时敏与张涟一见如故。张涟在太仓造园不少，其造园活动与王时敏的推荐也不无关系。张涟的造园风格契合松江画派的风格和路线，故在各方面的推动下很快流行起来，以松江府尤甚。张涟五十寿时，松江诸贵人为张涟祝寿，皆有诗赠。同为上海著名造园家的张南阳，在其八十寿诞恰逢为陈所蕴设计的日涉园初步完工，才有机会向陈乞文作传。反差如此鲜明，这是基于张涟家族影响的缘故，而非独以叠山技艺得到诸贵人的青睐。又钱谦益父钱世扬与瞿汝说兄瞿汝稷友善，而瞿汝说与张所望亦为同年，而钱氏与太仓琅琊、太原王氏又为世交，这与钱谦益与张涟的结识也不无关系。李雯与陈子龙、宋征舆并称"云间三子"，而陈子龙、宋征舆都与张涟从弟张积润友善，李雯受其父所托作诗便是理所当然的事情了，其所作《海上张卿行》也充分显示出李雯对张涟事迹和造园活动的熟知与理解。种种原因表明，除了张涟家族提供给张涟较为优越的教育条件外，其社交圈为张涟造园事业的起步与发展亦起到了较大的作用（图4）。

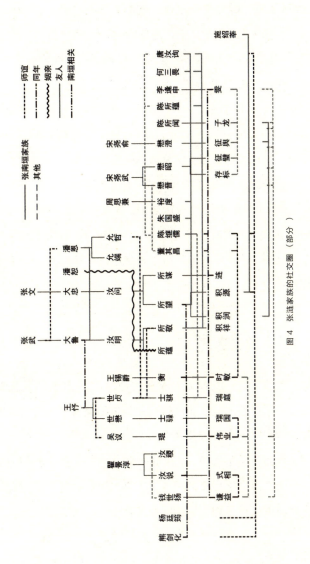

图 4 张涟家族的社交圈（部分）

第三章 张涟家族的社会交往

　　张涟家族现存资料较为有限和零散，本文尚存在诸多不足之处。如所收集材料大部分出自松江籍文人著作，无论从地域还是内容更偏重于松江本府。这些都有待历史资料的进一步收集与整理。基于对上述材料的分析，可以得到几点结论。

　　一、张涟家族数世业儒，其社交圈以文人为核心。与张涟家族交往的文人多有进士、举人功名，在文学、绘画、戏曲等文艺领域都有重要的话语权和发言权。其所交往的诸生、布衣，亦在文学、绘画、戏曲等文艺领域有较高的才能。

　　二、张涟家族社交圈基于官绅阶层，而下接至布衣、文士、山人。在晚明以科举为重的社会中，龙华张氏科举中进士者唯张所望一人，中举人者也不过张大鲁、张所谋，且张所谋中举仅记载于张然墓志铭中。而以诸生为多，其中张汝明、张积源、张积润为监生。因此龙华张氏的社交圈中，除少数高级官僚外，中下层官员和绅衿居多。至张涟时，其同辈多止于诸生，其社交圈必然受到以张所望为代表的龙华张氏社交圈的巨大影响。

　　三、张涟家族社交圈具有极强的地域性。社交人物的籍贯以松江、苏州代表的长三角区域为主，总体而言，社交人物数量随其籍贯与松江府的距离成负向关系。

　　四、张涟叔父张所望、从父张所敬是张涟家族社交圈的核心人物，张所敬作为王世贞的门生，在当时的松江府文坛具有领袖地位，其周围聚集了相当数量的松江文士，而张所望作为致仕官员，涉猎广泛，其社交圈也聚集了相当数量的上层文人、画家和戏曲家。园林是他们之间交游活动的重要场所，张涟应亦得到了便利的游园条件。

五、张涟最早的几位雇主，与张涟家族社交圈联系紧密。如王时敏父王衡与张所望为进士同年，钱谦益好友瞿汝稷与张所望同年瞿汝说为兄弟。李雯与张积润友陈子龙、宋征舆并称"云间三子"。

第四章

张涟家族与园林

虽然明代江南是全国的经济中心，但在明中叶以前，士大夫阶层在消费层面颇为朴素，"多谨礼法，居室不敢淫"❶，虽有园林，也是以"筑室种树，灌园鬻菜"的耕读生产性质为主，并无奢侈富丽之态。嘉靖以后，江南士风趋于奢华，《名山藏》载："当时人家房舍，富者不过工字八间，或窨圈四围，十室而已。今重堂窈寝，回廊层台，园亭池馆，金翠碧相，不可名状矣。"❷《万历野获编》载："嘉靖末年，海内宴安，士大夫富厚者，以治园亭，教歌舞之隙，间及古玩。"❸最奢华之举莫过于兴建园林，在士大夫阶层的眼中，园林更易体现主人的旨趣，更具有文化象征意义与社会功能。如王世贞认为：

> 今世富贵之家，往往藏镪至巨万而匿其名，不肯问居第。有居第者，不复能问园。而间有一问园者，亦多以润屋之久溢而及之。独

---

❶ 参见：［明］顾起元《客座赘语》。
❷ 参见：［明］何乔远《名山藏》。
❸ 参见：［明］沈德符《万历野获编》。

> 余癖迂计，必先园而后居第，以为居第足以适吾体，而不能适吾耳目，其便私之一身及子孙而不及人。又园之胜在乔木，而木未易乔，非若栋宇之材可以朝募而夕具也。❶

园林不仅是致仕官员、缙绅的以明得志之作，也是显示其财力与文化的载体。因此一旦造园相习成风后，园林就会成为官员、缙绅乃至富商竞相炫耀的场所。正如吴履震《五茸志逸》所载："士大夫仕归，一味美宫室，广田地，蓄金银，豢妻妾，宠嬖幸，多僮仆，受投靠，负粮税，结官税，穷宴馈而已。"❷一旦炫耀奢华的风气形成，就很难改变。叶梦珠说：

> 士风之升降也，不知始自何人。大约一二人唱之，众从而和之。和之者众，遂成风俗，不可猝变。迨其变也，亦始于一二人而成于众和。方其始也，人犹异之，及其成也，群相习于其中，油油而不自觉矣。❸

柯律格认为明代后期园林从生产功能转向消费功能，生产性逐渐消失❹。

松江府的情况也不例外，叶梦珠曾回忆道：

---

❶ 参见：[明]王世贞《弇州山人续稿》。
❷ 参见：[明]吴履震《五茸志逸》。
❸ 参见：[清]叶梦珠《阅世编》。
❹ 参见：[英]柯律格《丰饶之地：中国明代的园林文化》。

郡邑之盛，甲第入云，名园错综，交衢比屋，闉阓列廛，求尺寸之，旷地而不可得。缙绅之家，交知密戚，往往争一椽一砖之界，破面质成，宁挥千金而不恤。

仅崇祯《松江府志》便载有园林三十余处。吴履震曾对隆万年间的松江名园进行过总结：

吾松名园称上海潘方伯允端豫园，华亭顾正谊濯锦园，披云门顾正心熙园。其间华屋朱楼，掩映丹霄，而花石亭台，极一时绮丽之盛。王凤洲来游诸园，自谓吾弇州山过之，为赋一律云：

踏遍名园意未舒，大都京洛贵人居。
穿钱作砖难调马，镂石铺地碍种鱼。
似比幼安输一鏊，转令元亮爱吾庐。
兴来忽得尖头艇，煨蚁烹鲜恣所如。❶

在吴履震看来，潘允端的豫园、顾正谊的濯锦园、顾正心的熙园为松江园林之最，而顾正心颐园更擅人力。他记载道：

若以人力取胜，而倍壮丽者，无如顾氏南北两园。光禄之园在东郭，予与原之交，尝宴

---

❶ 参见：[明]吴履震《五茸志逸》。

饮于斯。睹其叠石成峰,殊有千岩竞秀之致。洞壑深邃,入其中,几疑于武夷山九曲。❶

叶梦珠也有类似记载:

> 顾园在东郊之外,规方百亩,累石环山,凿池引水,石梁虹偃,台榭星罗,曲水回廊,青山耸翠,参差嘉树,画阁朦胧,宏敞堂开,幽深室密,朱华绚烂,水阁香生,禽语悠扬,笙歌间出,荡舟拾翠,游女缤纷,度曲弹筝,骚人毕集,虽平泉绿野之胜,不是过也。❷

豫园则以楼台为胜:

> 面昭雕墙,宏开峻宇,重轩复道,几于朱邸,后楼悉以楠木为之,楼上皆施砖砌,登楼与平地无异,涂金染采,丹垩雕刻,极工作之巧。……乐寿堂,在世春之西,亦潘氏所建以为游宴之地。环山临水,嘉树扶疏,高阁重堂,丹楹刻桷,园林之胜,冠绝一时,犹郡郊之有顾园也。堂为莫中江学宪手题,规制备极宏敞,堂前广场数亩,石砌栏围,栏外碧水一

---

❶ 参见:[明]吴履震《五茸志逸》。
❷ 参见:[清]叶梦珠《阅世编》。

池，奇峰叠照，月榭高临，曲桥远度。山前为月华堂，壮丽相等，而曲折过之。山中有关夫子庙，有比丘尼庵，有潘氏家祠，须细寻始得，不可一览而见也。❶

顾名世的露香园也声名在外：

> 露香园，在城西北隅，顾氏汇海别业也。其尊人以科甲起家，汇海豪华成习，凡服食起居，必多方选胜，务在轶群，不同侪偶。园有嘉桃，不减王戎之李，糟蔬佐酒，有逾末下盐豉。家姬刺绣，巧夺天工，座客弹筝，歌令云遏，后人仿其遗制，规利成家。迄今越百余年，露香之名，达于天下，较辟疆而更胜矣。❷

在王世贞看来，松江诸园得朱楼而失泉石，不过贵人居所耳，不如自己的弇山园。汤显祖的同乡兼友人，曾为松江推官的吴之甲对松江园亭的奢华也颇有微词，他在《题云间衙斋偶涉园》中写道：

> 吴俗竞繁丽，园亭辄数顷。
> 盛饬奇艳花，以此相驰骋。

---

❶ 参见：[清] 叶梦珠《阅世编》。
❷ 参见：[清] 叶梦珠《阅世编》。

> 刈花而种菜，嘲为煞风景。
> 余性故村陋，斯趣不能领。
> 园奢以示俭，尤宜发深省。
> 廨傍有隙地，缭垣作游境。
> 结亭为偶涉，别署称此静。
> 杂果颇离披，编竹以为屏。
> 嘉卉亦罗生，蔿菱未遑整。❶

曾在青浦任知县的王思任在《记修苍浦园序》中更加直言不讳，"予游赏园林半天下，弇州名甚，云间费甚，布置纵佳，我心不快"❷。

从现有的文献来看，张涟家族并没有热衷消费型园林的修建。从物质方面讲，在张所望未取得进士功名前，张汝问一支尚不显贵，而张所敬一支因陷入族人的构讼而家道中落。从精神层面讲，张涟家族家风简素，对华屋朱楼、花石亭台保持冷静的态度。从现在发现的资料来看，张涟家族成员张汝明、张所敬、张所望、张积源都有园林，这些园林虽然大小、位置、内容都不相同，但其精神则折射出阆水桥张氏的家风特点。这些园林建成时间大部分早于张涟出道的时间，但有的与张涟出道时间接近，似乎与张涟暗含联系。

张汝明移家上海城南后，有庭园。张所敬记录道：

---

❶ 参见：[明] 吴之甲《静悱集》。
❷ 参见：[明] 王思任《王季重历游纪》。

家君移居南城，与顾翰博如野，朱文学见淙，龚隐君砚湖，王文学勿斋，舅氏陶富阳敬菴诸老旦夕往还，为柳塘耆社之会。家君首赋六绝，如野、见淙二先生已有和章，不肖依韵奉次用资抵掌，有跋。❶

从龚砚湖"古貌癯形同野鹤，舍旁常占武陵春。开将绿水留鱼婢，写得黄庭待傲宾"句，陶敬菴"罢官仍种门前柳，艺圃常携日下锄"句，以及张汝明"小筑南溪乍结茅，森森庭树绿先交"句可以看出，张汝明城南园中有水塘、园圃，植物有柳树、桃树，水塘中养鱼自给，具有很强的生产功能。张汝明入太学，为鸿胪序班，后厌倦仕途，遂辞归。张汝明以张翰、黄宪自况，与子张所敬面貌相仿佛。

张所敬有城南墅、西园，又有山斋。城南墅应为张所敬继承其父张汝明产。沈明臣有《雨集长舆草堂探新字》：

言有城南墅，相过岂厌频？
故知青眼别，谁谓白头新。
冻日常飞雨，残年已入春。
吾将理归棹，相送几何人。❷

又有《过长舆草堂》：

---

❶ 参见：[明]张所敬《潜玉斋稿》。
❷ 参见：[明]沈明臣《丰对楼诗选》。

为是清和候,相寻一扣扉。
逢君读书倦,饭我钓鱼肥。❶
花竹深凉气,池亭待夕霏。
极知闲可乐,独怪未能归。

西园旧为园圃,后张所敬因族人构讼,迁居西园。张所敬绘有西园图,并对西园描述道:"余遭家难,徙于荒圃。一室如斗,小窗北启。有茂树二章,日影浮动,几席皆碧。顾之欣然,忘其湫隘也。"❷

西园似有清修馆、白云坞、春草池、洗俗亭等。顾从义有《和张长舆西园杂咏》:

清修馆

馆筑一区小,书藏七叶香。
闭户千年读,虹光贯日长。

白云坞

古岩多莓苔,修篁润几席。
往来惟白云,白云自朝夕。

春草池

苦吟不成寐,新诗梦中得。
恰似池塘上,应怜春草色。

---

❶ 参见:[明]沈明臣《丰对楼诗选》。
❷ 参见:[明]张所敬《潜玉斋稿》。

洗俗亭

谁云种修竹,医得人间俗。
风月满庭阶,泠然吾道足。❶

张所敬还有山斋,其自作《夏日山居》:

堂后艺小圃,书斋面东皋。
碧柳落青荫,绿筱翻寒涛。❷

乔一琦有《过张长舆山居》:

负郭无深辙,长林有隐居。
朝檐窥食鸟,夜网上潮鱼。
夹竹通花径,移山对草庐。
主人能出酒,日暮咏归舆。❸

可见此山斋离城不远,是一个有水有竹的林地,园中堆有土山,土山西侧有书斋。

张所敬园名蒿园,斋名潜玉。张所敬好友、露香园主顾名世子顾斗英有《忆长舆斋前梅花》:

---

❶ 参见:[清]姚宏绪《松风余韵》。
❷ 参见:[明]张所敬《潜玉斋稿》。
❸ 参见:[清]姚宏绪《松风余韵》。

> 遥忆蒿园树,方条碧玉攒。
> 如何春来老,容易雨摧残。
> 窗月知留影,瓶枝想剩寒。
> 香魂招可得,还拟一尊看。❶

张所敬园中竹林茂盛,顾斗英曾向其乞竹,种植在新建的品石亭前。又《从长舆乞竹植品石亭前》:

> 乞得蒿园竹,疑从蒋径分。
> 剩檐青映石,影壁翠笼云。
> 引客宁因主,留题为此君。
> 有时数点雨,清响自堪闻。❷

张所敬亦有和诗《顾仲韩从余乞竹种新斋有作,率尔同韵》:

> 为有王猷好,题书檄此君。
> 移时惊蛰窟,栽处鸟鸾群。
> 风槛宵听雨,阴廊昼惹云。
> 自非求仲侣,谁许共清芬。❸

张所敬三园中并无奇石名花之属,假山主要以土山为主,植

---

❶ 参见:[清]姚宏绪《松风余韵》。
❷ 参见:[清]姚宏绪《松风余韵》。
❸ 参见:[明]张所敬《潜玉斋稿》。

物以竹为主，体现出浓厚的自然主义情调。 张所敬的园林与个人品格是密切相关的，王穉登对张所敬有这样的评价："长舆尫然，若不能胜衣，而生有神解。 又负气好奇，不喜龌龊士。"❶ 陈所蕴对张所敬评价是"居恒持义至高，慷慨多大节，孝友尤自天性。"❷ 唐汝询称张所敬："吾友长舆先生文超魏晋，道贲丘园。"❸ 朱家法称张所敬为"里中祭酒"❹。 张所敬的个人品格与园林都与世俗产生鲜明反差，也是对追求浮华奢靡世风的一种扭转。

张所望态度与之相似，吴履震记载道：

> 张叔翘云：近世士大夫解组之后，精神大半费于宅地园林，穷极工丽，不遗余力。然未有能长享者，非他人入室，则鞠为茂草耳。夫容膝易安，会心匪远。但使俗尘不染，胸次萧然，则江山风月，卉木禽鱼，触景皆供我乐矣。奚必名园华厦哉？❺

张所望对当时致仕官员花费大量物力财力营建宅地园林的现象并不表示认同，他认为宅园不能持久，不是归于他人便是荒废倾颓。 他认为名园华厦不足为取，住宅容膝即可安居，领

---

❶ 参见：[明] 张所敬《潜玉斋稿》。
❷ 参见：[明] 陈所蕴《竹素堂合并全集》。
❸ 参见：[明] 唐汝询《编蓬后集》。
❹ 参见：[明] 张所敬《潜玉斋稿》。
❺ 参见：[明] 张所望《阅耕余录》。

悟自然不必在远，如果内心能够避免尘俗的干扰，达到空寂的境界，则江山风月、花木鱼鸟都能使自己快乐。在园林方面，他推崇自然主义的风格与审美，如他在《阅耕余录》中所述：

> 洛阳名园记：董氏西园，一堂竹环之，盛夏不见畏日，清风忽来，留而不去。幽禽静鸣，各令得意。数语摹写园林销暑之境，读之觉爽气袭人。❶

> 吾友康孟修有别业，在横漖泾之阳，古木千章，扶疏绕屋，流水迂回贯其中。其地仅十余亩，而花径曲折，入者往往迷而不得路。杜工部诗：过客径须愁出入，居人不自解东西。若为此中咏者。至于春暮紫藤，秋深红树，尤为胜绝。余每过之，徘徊终日不能去。今孟修不复作矣。西州之路，宁堪再往。❷

张所望的外在形象、内在气质与园林观是一致的。黄汝亨《寓林集》有《张七泽先生像赞》：

> 貌清以癯，似子房之辟谷。神秀而发，疑

---

❶ 参见：[明] 张所望《阅耕余录》。
❷ 参见：[明] 张所望《阅耕余录》。

平子之思玄。其风流处竹者，为诸侯长，其潇
洒如意者，称林下贤。盖德妙贞通之理，而人
在汉晋之间者耶。❶

陈继儒对张所望评价如是："七泽公廉于官"❷。

吾友叔翘张公秀才时，尝注《文选》及
《颜氏家训》诸编。日与玄超、长舆两先生玩
古寻书，萧然衡泌。已擢名魁，历官粤东观察
使，威德畅于遐方。而性乐退素，笃请东还，
愤俗忧时，改筑龙华故里。❸

张所望有汉晋之风，这是时人非常高的评价。张所望在龙
华、松江和上海均有宅，龙华有黄石园，此外尚有山斋。

张所望家在龙华故里，兄弟同居，沈明臣曾访，有《答
叔翘》：

爱君修竹馆，兄弟自相亲。
长物惟图画，过从但隐沦。
人间清似玉，地冷不生尘。
岂独飞清梦，还期挂葛巾。❹

---

❶ 参见：[明] 黄汝亨《寓林集》。
❷ 参见：[明] 陈继儒《陈眉公先生全集》。
❸ 参见：[明] 张所望《阅耕余录》。
❹ 参见：[明] 沈明臣《丰对楼诗选》。

唐汝询亦常过访,有《夏日张叔翘别业作》:

扁舟溯长浦,经宿行未休。
初日出旸谷,火云纵横浮。
俄寻回溪入,始觉山居幽。
投策憩古木,脱巾挂枝头。
主人北窗卧,披襟起绸缪。
坐客层楹下,凉爽疑深秋。
蝉声乱清啸,树影横苍虬。
高谈不觉暝,绿蚁还相酬。
飞蛾拂烛度,疏萤傍入流。
沉吟羲皇意,思与麋鹿游。
瑶台委蔓草,金谷随荒丘。
且尽一肖乐,焉知万古愁。❶

又《雨中过张观察叔翘村居,叔翘将有苍梧之行》:

拂雨轻舟渡绿溪,到门蹑屐尚衔泥。
江云露日添花色,陌柳笼烟自鸟啼。
尽日园林无俗辙,隔年苔藓见幽栖。
暂时把酒休辞醉,五岭春风候马蹄。❷

---

❶ 参见:[明]唐汝询《编蓬后集》。
❷ 参见:[明]唐汝询《编蓬后集》。

龙华宅园近水临溪，环境清幽，园中唯有古木鱼鸟，与自然融为一体。张所望致仕后将其改筑，是为黄石园。《上海县志》载："黄石园在龙华里，张所望别业，有宝穑堂、交远阁、野藻亭诸胜。"❶ 黄石园从名称看，似乎园中有黄石叠山或者黄石为其中一特色，从这些建筑名称来看，反映的是自然与农耕场景，如堂名"宝穑"反映出张所望对农耕的重视，"野藻"、"交远"则反映出张所望"江山风月，卉木禽鱼，触景皆供我乐"的旨趣。值得一提的是龙华黄石园改建于天启元年（1621），该园亦有可能经张涟主持或参与设计。

张所望似乎还有山斋，唐汝询有《题张叔翘山斋二首》：

> 平子研京地，高斋隔世纷。
> 窗含桑柘雨，亭锁薜萝云。
> 枣自安期植，梅从水部分。
> 最怜朝市远，幽鸟梦中闻。
> 丘壑非藏拙，衡茅暂养真。
> 室虚惟蠹简，树古尽龙鳞。
> 枕石偏宜夏，移花不待春。
> 只愁飞诏下，来许谢待人。❷

后唐汝询又访山斋，有《重过张叔翘山斋有赠》：

---

❶ 参见：[清]嘉庆《上海县志》。
❷ 参见：[明]唐汝询《编蓬后集》。

山馆忆曾过，朱栏旧倚歌。
石岩无改色，庭树已添柯。
羁宦游非倦，还乡乐更多。
十年簪笏意，应不去藤萝。❶

山斋远离城市，建筑朴素，植物除古木薜萝外，有桑、柘、枣等经济作物，水边有梅。唐汝询再访时，张所望对山斋加以更新，在庭中添加了植物。张所望为万历二十九年（1601）进士，十年后当在万历三十八年（1610）。

与时俗推崇消费性的园林不同，张所望对园中的经济作物非常重视。在一次果树种植后，张所望请唐汝询作诗记录，《叔翘移植诸果，命余赋诗记之》：

密勿趋明光，清幽理丘壑。
东郊园已疏，诸果阴尽薄。
橘柚苦蒙戎，桃李纷参错。
董仙杏未郁，水部梅犹弱。
柿坠聊供书，柳稀讵堪幕。
谒来休沐暇，命驾征郭橐。
改植抽根株，删繁劳斧斫。
树如行伍布，墉将荆条扩。
秋实期离离，春荣将沃沃。
夹户垂春阴，浮云罗棣萼。

---

❶ 参见：[明] 唐汝询《编蓬后集》。

弄孙柑可分，诲子桂能擢。

明年倘来游，尝果留杯酌。❶

　　园圃中种植有橘、柚、桃、李、杏、梅、柿、柳、棣、柑、桂等植物，在种植方式上以行列植，但仍存在如梅栽水边等一些观赏种植方式。这与张所望"愤俗忧时"的忧虑是贯通的，张所望希望通过自己的身体力行，既能传承张氏家风，又希冀对时俗进行些许修正。

　　张所望子张积源建有竹安斋、两隐轩、乐无知斋等，以竹安斋最为知名。唐汝询有《竹安斋赋》，对竹安斋进行了描绘与刻画：

　　竹安斋者，吾友张圣清下帷处也。圣清风格秀朗，雅好淡泊。葺是斋也，垣不赭垩，甍鲜雕镂。惟明窗净几，木榻蒲团，及古法书名画，萧然无长物。庭植修竹，故以竹安名，用赞皇公事也。余归自白门，每憩于此，喜其质而有致，遂作赋云：

　　有美斯斋，超俗而构。屏绘废镂，似简非陋。开朴之门，凿俭之窦。楹不丹而上笔，梲无藻而下覆。涂家山之垩土，践瓴甋之浅甓。于是辟洞户敞，轩扉陈木，榻施薜帷。拥邺侯之牙籖，隐谢几之乌皮。披卧游之云岫，奏激

---

❶ 参见：[明]唐汝询《编蓬后集》。

楚之金徽。林居携怪石以入室，倚巉岩而为兰。匪创制之有异，嘉磊砢之在观。循中庭以遐思，纷众芳之奚属。慕王猷之清真，独寄趣于修竹。移兔苑之馀枝，分渭川之新绿。空翠落而当轩，远条拔而出屋。韵轻飘之飔飔，滴湛露之浓郁。若乃青阳向暮，白藏半徂。簷响播毂，庭流望舒。呼麦生而佐欢，征箨龙以克厨。拉牧之于野渡，出张虎于林居。雅谈善谑，越吟吴歈。陶性灵于闲逸，非世俗之游娱。又如屏翳秋号，愁霖昼晦。坠叶缤纷，冥鸿嘹唳。枝摇少女之风，砌滴湘娥之泪。然苏合而烟袅，煮枪旗而鼎沸。地幽偏以远心，神肃爽而忘寐。夫斋以竹秀，竹以斋安。非羡春荣，实期岁寒。虽城市以偃仰，俨空山而考槃。

客乃歌曰：竹峭蒨兮斋绝尘，庭草生兮秋复春。鸡肋未可弃，鸥群宁遂亲。毋若嵇生傲，毋从阮公沧。庶几山巨源之出处，而终不愧夫此君。

主人载歌曰：竹数竿兮潇潇，掩虚窗兮寥寥。暂斯斋兮逆旅，终息景兮山椒。束余书兮卷余帙，行诛茆兮筑壤室。

客又歌曰：百年驰兮苦易满，志士奋兮愁日短。鸟司晨兮未旦鸣，君淹留兮将焉成？空谷赍篁兮请为他日盟。

> 主人闻歌,悯然若失,枕六籍以沈酣,扃
> 斋扉而不出。❶

在唐汝询眼中,张积源是江左风流第一人的翩翩公子,张积源与张所望一样,淡泊秀朗,这一点在陈继儒的《张圣清传》中体现突出。 张氏家族的园林建筑相对时俗而言,朴素雅致,但并未有清晰的描述,不过张所望的山斋还有朱栏。 与之不同的是,张积源的竹安斋及环境被描述得非常清晰,建筑本身没有多余的装饰,"垣不赭垩,甍鲜雕镂。 惟明窗净几,木榻蒲团,及古法书名画,萧然无长物"。 注重建筑与环境的过渡,建筑门窗洞敞,室内有怪石衬托。 在环境的处理上,以竹为主,间以兰桂,营造出隔绝尘世的感受。 这与张涟"青扉白屋"、"翳以密筱"等造园观点非常相似。

张涟家族成员乐于行游,忘情山水。 张所敬、张所望兄弟及子侄经常往来于自然山水之间。 舟游是他们的主要方式,如张所敬"或兴至乘扁舟,放浪吴越诸山水间"❷。 张所望则将舟游上升至了舟居,他曾写道:

> 吾性好水事,故常舟居。以为华厦万间不
> 如一叶之适也。莆中曾波臣画余小像,置之舴
> 艋间,见者皆谓逼真。此君雅会吾意,浮家泛
> 宅,将老是焉。❸

---

❶ 参见:[明]唐汝询《编蓬后集》。
❷ 参见:[明]唐汝询《编蓬后集》。
❸ 参见:[明]张所望《阅耕余录》。

张所望舟名载石，为其致仕后置，他写道：

> 岭表谢事，归复治一小艇。赵凡夫题曰：载石，沈子居为画张季鹰归舟图，摹刻蓬窗之前。而余复系之以赞曰：素景方翳，赤县如毁。昧者弗图，玉石据委。维此明哲，超然遐徙。圭组匪荣，菰鲈洵美。一棹归来，三江之涘。啸傲壶觞，倘佯林水。适志为达，殉名斯鄙。千古同调，若人而已。❶

"载石"为苏州文士、寒山别墅主人赵宧光所题，中有曾鲸为其绘制的小像，还有摹刻的沈士充为其绘制的《张季鹰归舟图》。张所望通过《张季鹰归舟图》表达出对时局的忧虑和无奈，只能寄情山水，明哲适志。张积源有舟名自在天，"凡钓竿诗卷，熏笼隐囊，以至罍洗管弦之属毕具。客至。命酌清酒一觞，枯棋一局。醉则命侍儿迦陵弄新声，君按牙以紫箫和之，渺渺度烟际而去"❷。张所望、张积源父子经常相尾出游。

作为云间望族，张涟家族有较为广阔的社交空间，松江乃至江南名园中也往往出现张涟家族的身影。作为物质文化的载体，园林中的环境令人印象深刻，奇石名花、古书金石、匾额楹联决定了园林的外观。而作为精神文化的场所，官僚、缙绅、

---

❶ 参见：［明］张所望《阅耕余录》。
❷ 参见：［明］陈继儒《陈眉公先生全集》。

文士在园中游览、雅集、诗文唱和、戏曲欣赏，这些文艺活动构建了园林的精神内涵。张涟家族也参与了园林的物质和精神建构。松江名园，如豫园、露香园、濯锦园、佘山等都是张涟家族成员活跃的场所。囿于篇幅所限，下将张氏家族的园林活动进行分类简述。

一、雅集与诗文唱和。这是文士园林活动的重要内容。张所敬作为松江诗坛盟主，时人园林，多暇游览，诗文雅集活动参与甚多，潘允端豫园、顾斗英露香园、俞显卿西园、莫是龙石秀斋、顾汝修秋水亭、张次甫秋声馆等都是他们诗文唱和的地方。如寓居上海的璩之璞有《集仁卿雨华斋中和长舆韵》：

偶携羊仲侣，并命到山家。
对酒怜今雨，挑灯坐落花。
郢歌翻白雪，丽藻接春霞。
夜色聊堪尔，疏林月未斜。❶

又杜献瑶有《十七日招张长舆、唐一卿、唐仲言、顾君法、沈茂之、顾彦初小集》：

尚余柏叶借寻盟，短烛犹分火树明。
把臂但须身共健，衔杯何必月常盈。
星占客政当春聚，兴到诗兼卜夜成。
最是词坛饶胜事，张平头白擅才情。❷

---

❶ 参见：［清］姚宏绪《松风余韵》。
❷ 参见：［清］姚宏绪《松风余韵》。

此外，沈明臣有《集顾汝修秋水亭同王和仲、王延年、姚以奇、张长舆、唐大拙》、《同长舆集伯绳春雨堂》，莫是龙有《夜集张长舆同朱邦宪》、《思玄馆为张长舆赋》等。

诸文士雅集内容丰富而多彩，成立诗社便是重要的活动之一，如唐汝询有《季冬廿二日，同潘上民、张元里、元应、王玄超夜集唐元常斋头，约与张长舆、沈茂之、吴逸一、徐唐运、张圣清并儿孟庄为社，分韵得灯字》，又《舍友集长舆斋分咏明月照积雪，余闻嗣赋》，又《夏日同张长舆、芜殷、芜美于俞子如西园，分得城字》等。而最热闹的诗文雅集，莫过于联句。联句是古代作诗的方式之一，即由两人或多人共作一诗，联结成篇。赵翼《瓯北诗话》："又如联句一种，韩、孟多用古体；惟香山与裴度、李绛、李绅、杨嗣复、刘禹锡、王起、张籍皆用五言排律，此亦创体。"❶ 如《红楼梦》中芦雪庵争联、凹晶馆联诗即是联句。

在顾从义的玉泓馆，张所敬、沈明臣、朱察卿、袁福征、顾从义、璩之璞、顾廷韩、沈邦宪、彭翠娘等九人联句，成为松江文坛一时佳话。顾从义（1523—1588），字汝和，号砚山居士，艺术鉴藏家，擅书画诗文，嘉靖时御医顾定芳次子，后过继给其叔父顾世芳。嘉靖二十九年（1550），诏选端行善书，授中书舍人；隆庆初以修国史有功，擢大理寺评事。顾从义性好石，得北宋米芾砚山，遂以为号。顾从义在得到嘉靖皇帝御赐的紫玉泓砚后，在南溪草堂旁修建玉泓馆，专门收藏书画鼎彝。明人

---

❶ 参见：[清] 赵翼《瓯北诗话》。

何三畏《云间志略》载："公建玉泓馆，结昙花庵，筑舒啸台，夷犹期间，虽风寒暑不辍。所蓄鼎尊垒甑甗璧刀剑盘匜，皆三代以上物，帖皆善本，画皆名家大家，盖公既好古而又精于赏鉴故也。"❶ 顾从义收藏颇丰，其中以"四美图"为最。"四美"之名为董其昌所取，指的是顾从义所藏的四幅旷世名作：顾恺之《女史箴图》、李公麟《潇湘图》、《蜀江图》、《九歌图》。四图后收入内府，并被清乾隆皇帝珍藏于静怡轩中时时把玩。

玉泓馆联句

高馆开樽日（顾廷韩），青山正在门（沈嘉则）。

歌声梁上落（沈邦宪），花气坐中温（袁履善）。

日度飞甍影（顾汝修），溪流积雨痕（璩仲玉）。

泓分溟濑绿（袁履善），斋并墨池浑（沈汝施）。

阶草初萌甲，庭杨早寔髡（袁履善）。

明霞连海峤（顾汝和），远树乱红村（朱邦宪）。

浦近闻潮响，林偏隔市喧（张长舆）。

骑墙开月岫，窦石取云泉（璩仲玉）。

水怪窥龟鳖，山魈幻豕豻（顾汝修）。

萝深龛可闷，苔滑岭难攀（沈汝施）。

石笋抽瑶圆，虬松偃翠垣（顾汝和）。

新霁阳壑换，旧雪背岩屯（朱邦宪）。

---

❶ 参见：[明]何三畏《云间志略》。

清燕临遥夜，嘉辰及上元（彭翠娘）。
屏间悬宝树，砌下绕芳荪（顾廷韩）。
古壁图书润（顾汝和），华轩丽藻繁（顾廷韩）。
人文夸上国，珠璧耀梁园（张长舆）。
曲以知音顾，交从结客论（顾廷韩）。
妓怜来洛浦，主喜得平原（朱邦宪）。
意气相矜甚，衿期各自存（袁履善）。
醉酣吞渤岛，侠色倒昆仑（张长舆）。
傲比孤猿啸，狂疑万马奔（朱邦宪）。
安禅亲授偈，问字入排闼（袁履善）。
洞见昙花落，经看贝叶翻（顾廷韩）。
苍书留石鼓，商鼎得陶樽（顾汝和）。
神物恢奇揽，清谭柄独掀。
吾衰羞曳踵，春至误垂轩（袁履善）。
醴设人呼穆，梁悬榻类蕃（张长舆）。
感夸蛟可断，自许蚤堪扪（朱邦宪）。
月上寒光彻，霜飞莫霭昏（璩仲玉）。
绕枝惊集鸟，游队逐文鸳。
刻烛俄传句（袁履善），挑琴欲与魂（顾廷韩）。
缑山陪讬幸，机石偶斋骞（袁履善）。
缘结桃花扇，情欢犊鼻裈（朱邦宪）。
有言俱作泪，无恨不成恩（袁履善）。
比目鳞同沼（顾汝和），相思树托根（沈嘉则）。
丽娃名玉女，才子是王孙（顾汝和）。

能赋今司马,多情亦谢鲲(彭翠娘)。

雠岂憎礼法,合调和麓堉(顾廷韩)。

不谓能投辖,其如欲命辕(袁履善)。

中原诸子在,吾道信乾坤(沈嘉则)。❶

二、书画鉴赏与收藏。张所敬、张所望、张积源都擅长书画鉴赏与收藏。顾斗英擅画,他得到两块奇石后便绘图同邀张所敬欣赏,张所敬有《仲韩得二奇石谓余能赏,肖之扇头并题二语相赠,喜而成咏》:

王维诗画好,千载继人难。

不谓青山骨,都从彩笔看。

携时云满卧,题处语犹兰。

什袭空斋里,萧萧夜雨寒。❷

张所望则收藏有书画,时与造访者鉴赏。张所望与董其昌、陈继儒、沈士充等松江画派人物,与赵宧光、周裕度等吴门画派人物以及曾鲸等波臣派人物交往甚密。而张积源常到佘山造访陈继儒。

三、音乐与戏曲。张涟家族中张所望、张积源、张积润父子擅长度曲,并时常演奏或欣赏。唐汝询有《张叔翘坐听郑叔彭弹三弦》,描绘了宴饮弹奏的场景:

---

❶ 参见:[清]姚宏绪《松风余韵》。
❷ 参见:[明]张所敬《潜玉斋稿》。

> 秦筝且弛柱,赵瑟休争前。
> 坐客并倾耳,聆君弹三弦。
> 三弦起非古,出自元乐府。
> 取声天地人,其调促为主。
> 迩来弹者虽如云,得心应手无及君。
> 初疑流泉石上咽,寻觉飞瀑空中闻。
> 七弦按徽方度曲,唯有此音无断续。
> 指尖历历如贯珠,走丸坂上未为速。
> 曲半缓谈相倚歌,朱弦与肉声相和。
> 四筵停杯寂无语,但有朔吹鸣庭柯。
> 乘槎使君偶抱疴,闻之或可祛其魔。
> 缅弦改调邀金波,长空惨惨阴云多。
> 伊余久客抱归思,愁结如麻诗总废。
> 今夕闻君杳渺音,自谓琵琶行可继。
> 诗成倩客将染翰,银甲离披忽罢弹。
> 江湖沦客无穷意,尔我俱将两鬓看。❶

张积源擅歌,又擅弹琴,唐汝询有《寒夜听张圣清弹琴》:

> 夜寒惨无乐,欲寝愁不寐。
> 听君理朱弦,泠泠有深致。
> 缓如疏泉滴,疾若风雨至。
> 落木响空檐,孤鹤号云际。

---

❶ 参见:[明]唐汝询《编蓬后集》。

况余羁旅人,畴堪此凄厉。
问君何以悲,得无商陵思。
曲罢悄无言,潸然共沾袂。❶

张积源与西佘山居主人施绍莘友善,西佘山居及附近的九峰三泖是他们讨论散曲之处。

四、游览宴饮。这也是园林活动的一个主要内容。张所敬有《潘百朋邀泛豫园》:

甲第连芳墅,扁舟泛绮筵。
山光侵酒腻,人面斗花妍。
欲雨龙先挂,将秋雁早传。
沿洄兴何极,星斗灿遥天。❷

游览活动也较为丰富,关注四季、四时及各种气相变化。比如夜间泛舟园林,张所敬有《俞比部园池夜泛》:

精庐带回溪,月出林逾静。
客子兴方豪,携壶荡艖艋。
沿回竹树间,萧疏漏清影。
乍离聚薄深,忽得空明镜。
寒蟾俯可扪,独鹤夜犹警。

---

❶ 参见:[明]唐汝询《编蓬后集》。
❷ 参见:[明]张所敬《潜玉斋稿》。

> 泠然濯凡襟，谈尘露奇颖。
>
> 看君虬龙姿，泥蟠伍蛙黾。
>
> 铩羽岂终垂，逸足冀遐骋。
>
> 令图须及长，烟霞任吾领。❶

赏花是园林游赏活动颇雅致的内容。张氏家族成员亦热衷于此，张所敬有《同俞比部戴胡二孝廉集顾仲说斋看菊》，又有《俞比部园看牡丹，同朱季则、赵幼安、张去华用春字》。

至于宴饮，则为园中的日常活动。张所敬有《朱叔履邀饮戴氏山亭同仲韩作》、《正月十四夜集潘金吾融春馆》、《十六夜宴潘叔瑞宅，时君应公车之辟》，莫是龙《夜集张长舆同朱邦宪》、《张长舆访余城南》、《讯张长舆寓游天界寺敬公房》、《冬夜张长舆自海上访余南园》、《思玄馆为张长舆赋》，顾斗英《后乐园雅集》、《重阳后一日夜集次长舆韵》，杜士冠《元夕朱季则、黄长卿、陈子有、张叔翘同集袁度兄斋，云楼叔先去不与，赋此志怀》，唐汝询《寒雨憩圣清斋中，王玄超来自海上小集，次玄超韵》等均可体现宴饮活动的频繁。

五、受邀题名题诗。张涟家族中的张所敬为上海诗坛盟主，一些园主会邀请其为自己的园林或景点题名。如住在金陵的李元礼，邀请张所敬为其庭园赋诗，张所敬有《题李元礼借树轩》：

> 李君居金陵，邻有高柳布阴庭内，乃题其
>
> 轩曰借树，而请余赋之。

---

❶ 参见：[明] 张所敬《潜玉斋稿》。

095

> 高柳垂邻屋，清阴借绮察。
> 砌黄寒堕叶，帘翠昼分条。
> 蝉韵当空落，莺簧隔院调。
> 依然中散宅，箕踞足消摇。❶

而陈所蕴有"别业竹素与居第临街相对，方广数亩，多山水亭台之胜"❷。中有日涉园，园中五老峰中的集英亭为张所敬所题，"拾级而上，一小亭据其颠，名曰集英，盖张长舆所命"❸。

综上所述，作为经济最为发达的地区之一，松江在嘉隆之后士风崇尚奢华。规模宏大、华美的园林是追求奢华思潮的物质体现，华屋朱楼，绮亭丽台，奇峰怪石，名花异草都是园林主人所追求和倾慕的对象。园林的生产功能日益丧失，转而向消费功能发展。园林不但是致仕官僚、缙绅、富商等阶层的炫富斗靡之地，也是社会交往和文化活动的场所。晚明文人士绅广泛的山水游历，提升了山水审美水平，提高了对山水的认识，丰富了山水审美思想，促进了理想山水模式的总结与细化。这使他们对园林的认知内容更为广泛，观察角度更为细致，评价方法更为多样，而这又促进了园林进一步的发展。

张涟家族家风简素，保持恬淡萧然的处世风格，对奢靡的时风并不赞同。其主要成员对华屋朱楼、奇巧炫耀的园林一直保持冷静，主张"容膝易安，会心匪远。但使俗尘不染，胸次萧然，则江山风月，卉木禽鱼，触景皆供我乐"的态度，崇尚自然

---

❶ 参见：[明]张所敬《潜玉斋稿》。
❷ 参见：[明]吴履震《五茸志逸》。
❸ 参见：[明]陈所蕴《竹素堂合并全集》。

主义的园林观。张涟家族成员如张所望、张所敬等人具备的政治地位、文化和艺术修养，又使得他们的观念得以传播、交流和发展，成为炫耀奢华风气下的一股清流，得到士林的认可和尊重。张涟造园思想受该思潮的影响是毋庸置疑的。

张涟家族的成员如张所敬、张所望、张积源等在社交过程中有大量的游园机会和游园体验，松江诸园都有他们的身影。因此他们对时俗推崇的园林有较为丰富的了解和深刻的认知，这也为张涟接触和游览松江诸园创造了条件。同时，张所敬、张所望、张积源等又有自己的园林，易于将自己的园林观付诸实践，尤其是与张涟出道后同时期的张氏园林，亦有可能为张涟所造或参与。

第五章

张涟造园风格

关于张涟及其造园,吴伟业的《张南垣传》描述得最为传神,这也是关于张涟最早的传记,为张涟生前所作。《张南垣传》如是说:

> 张南垣名涟,南垣其字,华亭人,徙秀州,又为秀州人。少学画,好写人像,兼通山水,遂以其意垒石,故他艺不甚著,其垒石最工,在他人为之莫能及也。百余年来,为此技者类学崭岩嵌嵌,好事之家罗取一二异石,标之曰峰,皆从他邑辇致,决城闉,坏道路,人牛喘汗,仅得而至。络以巨絙,錮以铁汁,刑牲下拜,劖颜刻字,钩填空青,穹窿岩岩,若在乔岳,其难也如此。而其旁又架危梁,梯鸟道,游之者鈎巾棘屦,拾级数折,伛偻入深洞,扪壁投罅,瞪盼骇栗。南垣过而笑曰:"是岂知为山者耶!今夫群峰造天,深岩蔽日,此夫造物神灵之所为,非人力所得而致也。况

其地辄跨数百里，而吾以盈丈之址，五尺之沟，尤而效之，何异市人搏土以欺儿童哉！唯夫平冈小阪，陵阜陂陁，版筑之功，可计日以就，然后错之以石，棋置其间，缭以短垣，翳以密篠，若似乎奇峰绝嶂，累累乎墙外，而人或见之也。其石脉之所奔注，伏而起，突而怒，为狮蹲，为兽攫，口鼻含呀，牙错距跃，决林莽，犯轩楹而不去，若似乎处大山之麓，截溪断谷，私此数石者为吾有也。方圹石洳，易以曲岸回沙；邃闼雕楹，改为青扉白屋。树取其不雕者，松杉桧栝，杂植成林；石取其易致者，太湖尧峰，随意布置。有林泉之美，无登顿之劳，不亦可乎！"华亭董宗伯玄宰、陈征君仲醇亟称之曰："江南诸山，土中戴石，黄一峰、吴仲圭常言之，此知夫画脉者也。"群公交书走币，岁无虑数十家。有不能应者，用为大恨，顾一见君，惊喜欢笑如初。

君为人肥而短黑，性滑稽，好举里巷谐媟以为抚掌之资。或陈语旧闻，反以此受人啁弄，亦不顾也。与人交，好谈人之善，不择高下，能安异同，以此游于江南诸郡者五十余年。自华亭、秀州外，于白门、于金沙、于海虞、于娄东、于鹿城，所过必数月。其所为园，则李工部之横云、虞观察之予园、王奉常之乐郊、钱宗伯之拂水、吴吏部之竹亭为最著。经营粉本，高下浓淡，早有成法。初立土山,树石未添,岩壑已具,随皴随改,烟云渲染,补入无痕。即一花一竹,疏密欹斜,妙得俯仰。山未成,先思著屋,屋未就,又思其中之所施设,窗棂几榻,不事雕饰,雅合自然。主人解事者,君不受促迫,次第结构,其或任情自用,不得已骷骸曲折,后有过者,辄叹息曰:"此必非南垣意也。"君为此技既久,土石草树,咸能识其性情。每创手之日,乱石林立,或卧或倚,君踌躇四顾,正势侧峰,横支竖理,皆默识在心,借成众手。常高坐一室,与客谈笑,呼役夫曰:"某树下某石可置某处。"目不转视,手不再指,若金在冶,不假斧凿。甚至施竿结顶,悬而下缒,尺寸勿爽,观者以此服其能矣。人有学其术者,以为曲折变化,此君生平之所长,尽其心力以求仿佛,初见或似,久观辄非。而君独规模大势,使人于数日之内,寻丈之间,落落难合,及其既就,则天堕地出,得未曾有。曾于友人斋前作荆、关老笔,对峙平城,已过五寻,不作一折,忽于其颠,将数石盘互得势,则全体飞动,苍然不群。所谓他人为之莫能及者,盖以此也。

　　君有四子,能传父术。晚岁辞涿鹿相国之聘,遣其仲子行,退老于鸳湖之侧,结庐三楹。余过之谓余曰:"自吾以此术游江以南也,数十年来,名园别墅易其故主者,比比多矣。

荡于兵火，没于荆榛，奇花异石，他人辇取以去，吾仍为之营置者，辄数见焉。吾惧石之不足留吾名，而欲得子文以传之也。"余曰："柳宗元为《梓人传》，谓有得于经国治民之旨。今观张君之术，虽庖丁解牛，公输刻鹄，无以复过，其艺而合于道者欤！君子不作无益，穿池筑台，《春秋》所戒，而王公贵人，歌舞般乐，侈欲伤财，独此为耳目之观，稍有合于清净。且张君因深就高，合自然，惜人力，此学愚公之术而变焉者也，其可传也已。"作《张南垣传》。❶

后世各版本的张涟传记，都不出此篇窠臼。吴伟业小张涟二十二岁，为忘年之交。吴伟业初识张涟约在崇祯十五年（1642）于嘉兴吴昌时的勺园（竹亭湖墅）❷。虽然赴勺园的目的是参加复社的政治活动，但勺园的风格给吴氏留下了深刻的印象。随后吴氏邀请张涟至太仓改造其贲园，并结下终身友谊，吴氏入清后赴嘉兴，经常与张涟相聚欢娱。

张涟造园受山水画影响，以画意叠山而开创了新的风格，这是世所公认的。梅村记录张涟好写人像，兼通山水，并没有像后世版本写得那样夸张。在人像写真绘画上，张涟似乎受到他的表兄弟王晋逸的影响，王晋逸为张所敬的外甥，擅长写真，在南京颇受欢迎。而波臣派的代表人物曾鲸与张氏家族也颇有联

---

❶ 参见：[清]吴伟业《吴梅村全集》。
❷ 参见：笔者《吴伟业梅村考略》。

系，曾鲸曾为张所望写真，受到张所望的好评。张涟子张然亦擅写人像，应是得张涟所传。

关于张涟造园新风格的特点，曹汛先生有过较为全面的总结。现摘录如下：第一，以山水画意通之于造园叠山，有黄、王、倪、吴笔意，峰峦湍濑，曲折平远，巧夺化工；第二，反对罗致奇峰异石，反对堆叠琐碎的假山雪洞，提倡"陵阜破陀"、"截溪断谷"，疏花散石，随意布置；第三，提倡土山和土石相间、土中戴石的假山。这本是张南垣创新流派和风格的一个主要方面，又正是"张氏之山"的一个主要特征；第四，综合考虑园林布局，有机安排山水与建筑及花木的配置❶。张涟的造园风格见图5~图7。

张涟造园风格还有一个最大的优势，就是因地制宜，事半功倍。因地制宜，即依高为阜，即卑成池，相体势之自然。事半功倍，即叠山以土为主，既方便获取，节省人工，又可以达到减少造假、缩短工期的效果。加之张涟造园新风格符合文人士大夫的旨趣和主张，因此该风格甫一成熟，便备受欢迎。李雯在《张卿行》中写出了张涟在当时的受欢迎程度，《张卿行》全文不见载于他文，故收录如下：

> 海上张卿叠石为山能有根势，公卿贵人为园亭者争致之。今年五十，诸贵人作诗寿之。
> 家君曰：予不可以独无，儿子为我操作。作张卿行。

---

❶ 参见：曹汛《造园大师张南垣（一）——纪念张南垣诞生四百周年》。

图5 曲折平远

海上张卿善丘壑,作使顽石如云烟。
开峡岂须巨灵掌,驱山不用秦皇鞭。
能知画理更绝倒,荒丘数日成林泉。
江南贵人强好事,罢官尽买还山田。
歌楼舞榭旦夕起,木怨山愁多废迁。

图6 土中戴石

白金文绮交相致,张卿一来云锦鲜。
别有豪门竞先得,平头奴子驾飞鹅。
夺得张卿侵夜归,满堂开颜浮大白。
棠梨馆外新月凉,辛夷坞上流云急。
不羡辋川图里人,常为金谷园中客。
天下亭台谁不荒,溪花锦石何茫茫。
观君玩世意最得,奔走公卿亦不妨。
我家横山若培嵝,开生幸入虎头手。
今来怪我石壁奇,呀然大笑不开口。
五十何妨作少年,杨柳春风桑落酒。
世上称君黄石公,他年或作驱羊叟。❶

---

❶ 参见:[清]李雯《蓼斋集》。

图 7 截溪断谷

张涟造园风格的评价随着时间的推移也水涨船高。从明末的"此知夫画脉者也"、"其巧艺可夺天工"、"艺合于道",到入清后则是"天然第一"、"海内为首推"、"一时名藉甚"、"见者疑为神工",甚至孔尚任在《桃花扇》中借杨龙友之口,将石巢园的设计者挂到了张涟头上,"这是石巢园,你看山石花竹，位置不俗，一定是华亭张南垣的手笔了"❶。 然而张涟的作品于今并无留存，仅张涟侄改造的寄畅园至今得以部分保存，因此对张氏叠山造园的了解仍然主要从文献记述入手。

祁彪佳（1602—1645），字虎子，号世培，别号远山堂主人，山阴（今属浙江绍兴）梅墅村人。 祁氏热衷造园，所营寓园为绍兴一代名园。 弘光元年清军入杭州，祁氏在寓园自沉殉国。 祁氏著述丰富，尤其祁氏日记较为完整地记录了寓园的建设过程，留下了宝贵的第一手文献，成为研究晚明园林的重要史料。 祁氏在日记中对其延请张南垣子张轶凡至越改造寓园进行了较为详细的记录。 如果能将这段细节展开叙述与分析，似乎可以得到对张氏叠山造园更为深入的了解。

祁彪佳于崇祯十六年辞官归里途中路过嘉兴，到嘉兴第一件事情就是访张南垣对寓山进行改建。 可惜张南垣当时不在嘉兴，祁氏仅见到了南垣子张轶凡。 祁氏在日记❷中记述："（十月）初九早，抵嘉兴。 与陈长耀步入城中访张南垣未得……以小舟走西马桥乃得张南垣寓，晤其令郎张轶凡。"❸ 根据祁彪佳对友人的记述习惯，轶凡应为其字。 张南垣有四子，现仅知三子张熊和四子张然之名。 张熊（1619—？）字叔祥，张然（1622—1696）字鹤城。 因此张轶凡应不是张熊和张然。 祁彪佳晤张轶凡事在崇祯十六年（1643），此时张熊25岁，张然

---

❶ 参见：［清］孔尚任《桃花扇》。
❷ 参见：［明］祁彪佳《祁彪佳文稿》。
❸ 参见：［明］祁彪佳《祁忠敏公日记十五种》。

22岁。张然在顺治间游三吴方有声,而张熊情况应与张然相似❶。 祁氏延请张轶凡的目的是对寓山园进行改造,这需要张轶凡有丰富的叠山造园经验。 祁氏与张轶凡见面后的次日,张轶凡陪同祁彪佳参观了张氏在嘉兴的几个造园作品,如姚思仁园,朱广元令孙园(不果),吴昌时勺园(遥望)及项氏园,似乎张轶凡本人也参与了这几个园林的营建。 之后祁氏与张轶凡相谈甚洽,决定延请张轶凡至越中。 此后祁彪佳延请张轶凡至绍兴对寓山园和密园进行多处改造,并对改造成果非常满意。 弘光元年(1645)五月,清兵渡江,张轶凡随王时敏子王挺返回嘉兴。 闰六月,祁彪佳自沉寓园,日记遂止。 张轶凡之名目前仅在祁彪佳日记发现,吴伟业《张南垣传》写到南垣晚年遣其仲子为冯铨造园,抑或为张轶凡。 张然墓志铭中载然"事兄竭友恭,抚诸侄如己出",似乎南垣有子早逝。 不过至于轶凡为南垣长子还是仲子,则需文献的进一步的发掘。

寓园是距祁彪佳宅三里之遥的山林地园,为祁氏于崇祯八年(1635)隐退后所建。 寓园主要以柯山东面的寓山为主题,祁氏傍水挖池,形成了山体、水面两个部分相依的格局。 祁氏所著《寓山注》❷对寓园进行了详细的介绍(图8),《寓山注》中有四十九景,实际上景点更多,曹淑娟统计寓园景点共有七十九处❸。 寓园的建设直到祁氏殉国前还在持续,故《寓山注》也不是寓园的最终状态。 寓园因据山面水,其自然条件较为疏

---

❶ 曹汛先生考证张熊曾参与崇祯十五年朱茂时鹤州草堂的营建,如果张轶凡是张熊本人,不会不推荐祁氏参观鹤州草堂。

❷ 参见:[明]祁彪佳《祁彪佳集》。

❸ 参见:曹淑娟《流变中的书写——祁彪佳与寓山园林论述》。

旷，祁氏为了补充疏旷的不足，用较多的建筑和亭廊对寓园空间进行围合，以至于祁氏自己评论寓园的特点是以亭台胜。

图8　寓园位置

张轶凡至寓园凡三次。第一次从崇祯十六年十月十七日至十二月初八日，约五十天左右；第二次从崇祯十七年二月十七日至三月十二日，不到一个月；第三次从弘光元年二月初十至五月初五别去，近三个月时间。三次合计约半年左右。在这半年的时间里，对寓山四十九景中的梅坡、铁芝峰、静者轩、友石榭、瓶隐、试莺馆、归云寄进行了修改或新建，占寓山四十九景的七分之一，加上拟进行修改的虎角庵、曲廊、回波屿、竹圃、选胜亭、宛转环等，约占寓山诸景的五分之一还多。下面对张轶凡对寓园的修改进行简要介绍。

张轶凡对寓园的修改见图9。

累石梅坡。《寓山注》梅坡条：

图9 张轶凡对寓园的修改
（作者改绘，原图见于《中国古代建筑史》第四册，399页）

余园率以亭台胜，独野趣尚少，于是积土为坡，引流为渠，结茅为宇，蘋蓼萧萧，俨是江村沙浦，芦人渔子，望景争途。坡上种西溪古梅百许，便是林处士偕隐细君栖托者。徘徊爱境，盖谓此淡妆西子，足令脂粉削色矣。❶

梅坡周围尚有梅花船、梅花阁、梅亭等建筑。梅坡在让鸥池南岸的水面区域，与回波屿相近。梅坡为寓园体现自然野趣的地方，随着梅坡的不断建设，山石与建筑逐步增加。关于梅坡的建设过程，祁氏在日记中描述甚详。崇祯十一年（1638），

---

❶ 参见：[明]祁彪佳《祁彪佳集》。

梅坡初步完成，此时仅有坡和坡上的路径。崇祯十二年（1639），于梅坡种植古梅，并在梅坡上的路径进行修改，坡上累石，建亭于坡上。崇祯十五年（1642），将回波屿与梅坡直接连接，并建梅花阁于水边，面梅带柳，又于梅坡东面移置小楼。崇祯十六年又建有梅花船。

梅坡为张轶凡在寓山改造的第一个景点，是张氏擅长的平冈小阪的风格。故张轶凡在梅坡累石不久，祁彪佳便称赞大得画家笔意，随即邀请张轶凡在溪山草阁小酌。又半月余，梅坡的叠山工作完成，祁氏在高兴之余邀请轶凡在梅花阁酌酒，并悬灯看戏。从此梅坡成为祁氏经常踏足、宴饮、赏花之处。

删石铁芝峰。《寓山注》铁芝峰条：

> 志归斋北，有小阜隐起，寓山之巅也。从园外望，渺焉一丘，以为是始皇驱石时，如拳不得遂隧行，而遗落于此也。乃登峰眺览，觉云气霞光，都生足底，东揖秦望，西招越峤，可在伯仲间，或因游之者心目旷远，山亦若跻之而高耶？顶有一石，如芝状，故以"铁芝"名❶。

铁芝峰位于寓山山顶，因其形如芝故名。崇祯十年（1637），祁氏除去周围杂乱的石头来体现铁芝峰的特立之势，又在铁芝峰下种植秋海棠数十本。之后祁氏增加奇石、设置铁

---

❶ 参见：[明] 祁彪佳《祁彪佳集》。

芝峰台等，增加了铁芝峰的内容。

崇祯十六年，张轶凡删石于铁芝峰，减少了周边置石对铁芝峰形象的干扰，突出了铁芝峰的特立之势。

筑墙静者轩。《寓山注》静者轩条：

> 与草堂若连鸡然，而势稍南，轩三楹，东户以达酣漱廊，其下为系珠庵，麦大师塔院也。远岫疏林，若出栏槛下。及于雨余新霁，则苍翠之色，迫之而入几席间矣。❶

崇祯九年，静者轩建成。 崇祯十年，祁氏对静者轩进行修改。 崇祯十二年，改静者轩外回廊，于静者轩后拟建六角台。

静者轩与系珠庵相邻，祁氏不堪游人之扰。 张轶凡在静者轩后筑墙，将游人隔绝，使静者轩更加幽胜。

删石友石榭。《寓山注》友石榭条：

> 自升降岩阿，以此地为适中地。丹楹接阜，飞栋陵山。探园之流，旷览者神情开涤，栖遁者意况幽闲，莫不流连斯榭，感慨兴怀。主人于此，都无托契，所可箕踞相对者，惟冷云小友。不因人热，堪作岁寒交耳。❷

---

❶ 参见：[明] 祁彪佳《祁彪佳集》。
❷ 参见：[明] 祁彪佳《祁彪佳集》。

友石榭在寓山山麓，背对冷云石，是山体和水面的交接地带。友石榭附近地势陡峻，大雨后祁氏常于此观瀑。崇祯九年，定友石榭址。崇祯十年，在友石榭前凿石建池。祁氏在友石榭旁置石较多。

崇祯十七年，张轶凡将友石榭旁置石删减，并在友石榭旁叠石为高峰。

改建瓶隐环境。《寓山注》瓶隐条：

> 昔申徒有涯放旷云泉，常携一瓶，时跃身入其中，号为"瓶隐"。余闻而喜之，以为卧室。室方广仅丈，扩两楹以象耳，圆其肩，高出脊上，隐映于花木幽深中，俨然瓶矣。然申徒公以大千世界都在里许，如取频伽瓶，满中擎空，用饷他国。此真芥子纳须弥手，若犹是作瓶观也，不浅乎视公哉。❶

瓶隐为祁氏引用申屠有涯瓶隐典故而构的卧室。崇祯十一年，瓶隐告成。崇祯十四年，祁氏将书房移至瓶隐，在瓶隐东面叠石并种植花木。

弘光元年，张轶凡在瓶隐南侧累湖石为峰，北侧种竹，东南侧杂植花木，对瓶隐周边环境进行全面改造。改造后祁氏赞赏不已，认为瓶隐为寓园之胜，祁氏好友张萼对瓶隐也极为赞赏。

---

❶ 参见：[明]祁彪佳《祁彪佳集》。

累石试莺馆。《寓山注》试莺馆条：

> 海翁梁环向北面，余片地，构为书室，轩然池上，室成当春日，睍睆弄舌，思以"听莺"题馆。友人曰："吾闻贞观中有女子号'试莺'者，其名甚韵，曷若举以赠之？"❶

试莺馆在海翁梁对岸北面的空地上。崇祯十三年，试莺馆建成。崇祯十六年，祁氏于归云寄坡上构室，将试莺馆的匾额移至新室。崇祯十七年，归云寄南面新馆建成，祁氏亦将其命名试莺馆。

弘光元年，张轶凡于试莺馆南窗累石，该试莺馆应为归云寄南面新馆。

累石归云寄。《寓山注》归云寄条：

> 客游之兴方酣，有欲登八求楼者，必由斯寄。盖以楼为廊，上下皆可通游屐也。对面松风满壑，如卧惊涛乱瀑中，一派浓荫，倒影入池，流向曲廊下，犹能作十丈寒碧。余园有佳名，名冷云，恐其无心出岫，负主人烟霞之趣，故于寄焉归之。然究之，归亦是寄耳。❷

---

❶ 参见：[明] 祁彪佳《祁彪佳集》。
❷ 参见：[明] 祁彪佳《祁彪佳集》。

归云寄在八求楼西南，是连接八求楼的楼与廊的建筑。归云寄东、八求楼南有池，归云寄东尚有东楼。归云寄于崇祯十二年开始建设，至崇祯十三年，归云寄东面的水池建成。

崇祯十六年，张轶凡对归云寄进行大规模的改造，如将归云寄南部改为楼廊，接咸畅阁；构室于归云寄坡上；将归云寄之廊移于竹林。

对密园的改建。密园为祁彪佳父祁承爜所经营的私园，密园在祁承爜家东侧，面积不大，"纵不及百步，衡倍之"。有澹生堂、壑舟、密阁、玉醉居、梅楼、牡丹垒等三十二景。祁承爜去世后，密园为彪佳所居。祁彪佳居住密园后对密园进行了不少改动，不过大部分改动是为了使密园中的材料如建筑、花石、花木等移至寓山使用。弘光元年，祁氏与张轶凡商议将密园中牡丹垒中的叠石简化，选出湖石为寓园所用。

祁彪佳日记中详细记述了张轶凡对寓园和密园的改建工作，现对这些材料进行分析，从而对张氏叠山造园风格、内容和施工工期进行更为细致的探讨。

除了上述改造内容外，祁氏与张轶凡尚有一些规划议定，但因其他原因暂时没有实施的内容，如张轶凡商酌六角台基址、商内室及竹圃兴造之法、商改虎角庵、拟累石千人座于回波屿、商改曲廊、商酌改旱桥，从宛转环下凿石为级，步石桥入选胜亭等。这些未实施内容对了解张氏叠山造园也有较高的价值。现将张轶凡在寓园与密园的造园活动和拟建内容与张氏叠山造园特点列表进行对比。

表 10　张轶凡造园活动和拟建内容与张氏叠山造园特点对比

造园内容	景点	张轶凡叠山造园内容	所对应的张氏叠山造园特点	备注
布局	旱桥	凿石为级，步石桥入选胜亭	规模大势，综合考虑园林布局	拟建
	六角台	步铁芝峰，酌六角台址（不详）		拟建
	竹圃	兴造之法（不详）		拟建
叠山	梅坡	累石，得画家笔意	平冈小阪，陵阜陂陁，错之以石，棋置其间	
	铁芝峰	删石（不详）		
	友石榭	删石，累高峰	荆、关老笔，高架叠缀	
	瓶隐	累太湖石于瓶隐之南	荆、关老笔，高架叠缀	
	试莺馆	累石南窗（不详）		
	归云寄	累石（不详）		
	牡丹垒	删石、累石（不详）		
	回波屿	仿水仓石累千人座	石脉之所奔注	拟建
花木	梅坡	种老梅	疏密欹斜，妙得俯仰	
	瓶隐	北多种竹，东南杂植草花数十本	翳以密箐，杂植成林	
建筑小品	静者轩	筑墙，游人隔绝，欲觉幽胜	缭以短垣	
	归云寄	曲廊移于竹林，别以廊贯小浮幢		
	虎角庵	更改（不详）		拟建
内室		兴造之法	屋未就，又思其中之所施设	拟建

从表 10 可以看到,张轶凡在祁氏园林改建中涉及的内容有布局、叠山、花木、建筑几项,以叠山内容最多。 叠山除了采用张氏风格的"平冈小阪,陵阜陂陁,错之以石,棋置其间"外,还有累石高峰,模拟荆关老笔的案例。 值得一提的是,张轶凡对归云寄的改造至少说明廊这种建筑形式在实例中已有运用,可见利用建筑组织空间也应是张氏叠山的一项内容。 由此可见,张氏叠山造园的风格和内容是丰富多变的,平冈小阪的土山布局与模式是其最突出的特点,叠石为山、利用建筑也是张氏叠山造园中所重视的内容和使用的手段。

吴伟业《张南垣传》对模仿张氏叠山有这样的介绍:

> 人有学其术者,以为曲折变化,此君生平之所长,尽其心力以求仿佛,初见或似,久观辄非。而君独规模大势,使人于数日之内,寻丈之间,落落难合,及其既就,则天堕地出,得未曾有。❶

吴氏后面列举了张南垣一个叠山案例,在开始堆叠时平淡无奇,令人费解,而通过峰头形体和方向的改变,使得该山整体很有动势,浑然不群。 吴氏并未就前面他人的模仿举例,而祁彪佳在日记中则为模拟张氏叠山提供了素材,兹录两条:"观方无隅累石小斜川,颇与张轶凡相似,为之解颐"❷,张轶凡累石梅

---

❶ 参见:〔清〕吴伟业《吴梅村全集》。
❷ 参见:〔明〕祁彪佳《祁忠敏公日记十五种》。

坡后，方无隅仿张轶凡法，累石小斜川，祁氏看后认为很像，故开怀大笑。 又"方无隅仿张轶凡之制，累石于归云寄"❶。 祁氏令张轶凡累石归云寄，轶凡归家期间，方无隅仿张轶凡法累石。 至于是不是"初见或似，久观辄非"，祁氏并没有给出答案。

此二事均发生于崇祯十六年年末至崇祯十七年年初张轶凡不在寓山的时间内。 方无隅，无隅为其字，其名不详，擅长绘画，寓山诸景多为其参与，是协助祁彪佳在寓山规划、设计、施工的负责人之一。 这两个事例至少证明了模仿结果"初见或似"，可以说明张氏叠山在一些局部是可以模仿的。 吴伟业给出的"久观辄非"的原因是巧思，是实现画意造园的部分和单元，而张氏更注重用画意和画理，从更宏观的角度去布置、协调这些巧思和巧思之间的关系。

张氏叠山的工期，吴伟业在《张南垣传》中写道"唯夫平冈小阪，陵阜陂陁，版筑之功，可计日以就"，因此"岁无虑数十家"。 而金张《芥老编年诗抄》中写张熊叠山"计工仅兼旬"❷。 虽然上述关于工期的叙述只是一个约数，但仍能反映出张氏叠山速度之快，异乎寻常。 以张轶凡在寓园、密园的改建为例，可以看到张氏叠山较为具体的工期。 祁氏日记中记载了张轶凡累石寓山或密园中五个景点的起止时间，具体如表11所示。

---

❶ 参见：[明]祁彪佳《祁忠敏公日记十五种》。
❷ 参见：曹汛《追踪张熊，寻找张氏之山》。

表 11 张轶凡五个累石景点工期

序号	内容	开始时间	结束时间	用时（天）	备注
1	累石梅坡	十六年十月二十三日	十六年十一月初十日	17 天	改建
2	累石归云寄	十六年十一月十三日	十七年二月二十一日	29 天	新建
3	筑墙静者轩	十六年十一月二十八日	十七年二月十九日	12 天	新建
4	密园删石	元年二月十二日	元年二月十五日	3 天	改建
5	累石瓶隐	元年二月十六日	元年三月十八日	32 天	新建

这些工期长则一个月，短则半个月左右，印证了张氏叠山"记日可就"、"计工兼旬"的施工特点。而祁氏开园营建山区所花时间为百余日，水面营建又百余日。可见张氏叠山工期较之祁氏自己开园，时间明显缩短。对比这些改造项目的类型和工期，张轶凡在归云寄累石期间，曾返回嘉兴，将这段时间去除，得 29 天。叠石方面，归云寄、瓶隐基本都是叠石为峰，而梅坡则是土中戴石，石脉奔注。从表中可以看到叠石为峰的归云寄、瓶隐所用时间在一个月左右，而梅坡仅用时半月。这也从侧面反映出土中戴石较之叠石为峰的施工更为便捷。

越中的范围为旧绍兴府所辖八县。越中园林的兴盛起于晚明，据王思任叙述，其中进士的万历三十二年（1595），越中仅有园二，二十年后园乃相望，自相雄长。祁承爜认为"越中千岩万壑，妙在收之于眉睫，构园以客受为奇。而吴中无山，饶于泉石，妙在引之庭除，构园以变化为胜"❶。越中园林在发展过程中，逐渐接受了吴中乃至扬州一带重视建筑的造园风格，如张岱的《陶庵梦忆》中记载其"五雪叔从扬州归来，一肚皮园

---

❶ 参见：黄裳《皓首学术随笔·黄裳卷》。

亭"。祁承㸁的密园、祁彪佳的寓园中建筑数量也颇为可观，密园三十二景中建筑占一半还多，而寓园"山之顶趾，镂刻殆遍"。

祁承㸁、祁彪佳父子热衷于造园，也形成了自己的造园观。祁承㸁认为构园如作文，不用格套。"要以地之四整者，每纵横之，而使相错。地之迫促者，每玲珑之，而使舒展"、"如板题活做、长题短做"❶。祁彪佳认为："大抵虚者实之，实者虚之。聚者散之，散者聚之。险者夷之，夷者险之。如良医之治病，攻补互投。如良将之治兵，奇正并用。如名手作画，不使一笔不灵。如名流作文，不使一语不韵。"❷虽然祁承㸁、祁彪佳父子的造园思想主要来自各自的造园心得和游园体验，但这种朴素的辩证法更近乎道而远于技，与造园家的实践总结有所不同，并不能准确地指导造园实践。

以祁彪佳为例，祁彪佳受越中本地造园影响较大，祁氏参观学习案例起初多为越中园林，造园之初，为其规划的是彤园园主王云岫、从兄柯园园主祁豸佳，后延请更为职业的郑九华、陈长耀、方无隅等人为其造园。祁彪佳在《寓山注》中记下了这段心路历程："卜筑之初，仅欲三五楹止。客有指点之者，某可亭、某可榭，予听之漠然，以为意不及此。及徘徊数四，不觉向客之言，耿耿胸次，某亭某榭，果有不可无者。"❸可见祁氏造园经验是随着实践的深入而不断积累的，也可以看出祁彪佳此时对建筑的重视程度。祁氏两次巡按苏松，参观和访问了苏松一带的名园，为自己营造寓园取得了经验借鉴。自张轶凡删改

---

❶ 参见：黄裳《皓首学术随笔·黄裳卷》。
❷ 参见：[明] 祁彪佳《祁彪佳集》。
❸ 参见：[明] 祁彪佳《祁彪佳集》。

寓山、密园后，祁彪佳对张氏叠山更加赞同，其园林审美也向张氏之山靠拢。下面试举两例。

彤园为王云岫的私园。祁氏在作于崇祯十年丁丑（1637）的《越中园亭记》记载：

> 别驾所居，尽鉴湖之胜。左有彤山，搜剔之石质，玲珑不减太湖、灵璧。主人蓄梅种桃，有志于构造者三十年矣，一旦取而园之，虬枝老干，攒居于石罅间。穴山趾为沼，削壁亭亭立水中。入门，度小桥，委折而登清鉴阁，心目豁然。自阁西行，曲廊小轩，各极幽夷之致。北望寓园，搴裳可至。柯园亦近在咫尺。予与止祥兄时操小艇过之，觉鲁望、袭美，不能擅胜于古者矣。❶

彤园用石头从彤山中开采，其形质类似太湖石与灵璧石，植物多梅、桃，山脚挖池，削壁为亭，以建筑为胜。祁彪佳对彤园评价甚高，认为陆龟蒙、皮日休都不能擅胜于古。而轶凡在寓园叠山后，祁氏的评价开始变化：

> （乙酉三月）初九日，寒食节。偕张轶凡待王云岫于彤园，同看山僻竹石，幽深可观。予乃劝云岫将彤园删改，以成大雅。❷

---

❶ 参见：［明］祁彪佳《祁彪佳集》。
❷ 参见：［明］祁彪佳《祁忠敏公日记十五种》。

如果以成大雅尚不能清晰说明此时祁氏园林审美已发生怎样的变化，下面天镜园的事例则使这种变化显得清晰起来。天镜园为张岱祖父张汝霖于万历三十四年（1606）罢官后与友人雅聚的场所。祁彪佳曾对城南的天镜园高度评价，甚至认为"越中诸园，推此为冠"。祁彪佳总结天镜园特点为"园之胜以水，而不尽于水。远山入座，奇石当门，为堂为亭，为台为沼，每转一境界，辄自有丘壑，斗胜簇奇，游人往往迷所入。"❶按照祁氏的描述，天镜园似乎更趋近于诸多相对封闭的空间，呈现芥子纳须弥的特点。而八年后的弘光乙酉，祁氏的评价发生了变化。"（四月）初七日。旋至介子园，介子即邀陆六皆、朱纯宇同游天镜园、南华山馆、陈氏之吾鼎堂。以张轶凡作法观之，皆不当意。"❷祁氏有意识地将天镜园诸园的作法与张轶凡的作法对比比较，即天镜园、南华山馆、陈氏园都不是张氏造园的作法，不符合画意的旨趣。

祁彪佳应是越中接受张氏画意叠山思想并将其进行实践的第一人。祁彪佳对张轶凡以友相待，便于张轶凡与越中诸人结交，祁氏又经常偕张轶凡游览越中诸园，有利于张氏吸收越中诸园的特长，客观上促使了张氏叠山风格在越中的发展。

与张轶凡交往的祁氏友人按照造园的角色大抵可分为几类，第一类是在寓园的督工的造园者，如郑九华、陈长耀和方无隅等人，郑、陈、方三人都能画，在宴饮、喝茶、游园的过程中，他们对造园心得与实践进行了交流，如方无隅仿张轶凡制累石小斜

---

❶ 参见：[明]祁彪佳《祁彪佳集》。
❷ 参见：[明]祁彪佳《祁忠敏公日记十五种》。

川、友石榭。 第二类为祁氏诸友中的园主或是潜在园主，如彤园园主王云岫，经常与轶凡宴饮游园，乃至祁氏劝说为自己早期规划寓园的王云岫对彤园进行修改。 又如祁承㸁的同年郑涵一，邀请张轶凡见面，商议叠山的事情。 第三类为文人，他们是园林的欣赏者和传播者，如张岱从弟张萼，对改造后的瓶隐大为称赞。

张轶凡随祁彪佳游览了越中的一些名园，如彤园、畅鹤园、张萼园、天镜园、南华山馆、陈氏吾鼎堂等。 游园活动使得张轶凡能够深入了解越中园林情况，吸收地域特点。 弘光元年五月，清军南下，张轶凡返回嘉兴，闰六月祁彪佳自沉让鸥池殉国。 张氏叠山造园的风格在越中暂时终止传播。

祁彪佳在日记中记载了张南垣子张轶凡在越中的活动，及张轶凡对寓园、密园的改建。 张轶凡的记载目前具有唯一性，仅在祁氏日记中出现。 而张轶凡对寓园、密园的改建的记录较为完整、清晰，是目前发现的关于张氏叠山造园实例的最为详尽的文献资料，对于了解和研究张氏叠山造园的内容、风格、工期及张氏风格在越中的传播有着重要作用。 张轶凡事迹除了从实例角度印证了吴伟业《张南垣传》中和曹汛总结的张氏造园特点外，还反映出，利用建筑，尤其是廊划分空间也是张氏叠山造园的一个手法。 这也充分反映出张氏叠山造园风格鲜明、手法多变的特点。 此外，张轶凡在寓园和密园的改造也印证了张氏叠山工期较短的特点。 张氏叠山造园"因高就深，合自然、惜人力"，对当代风景园林的发展和建设仍有借鉴意义。

第六章

明代几个职业造园家的比较

嘉隆以后至明亡,江南造园进入盛期,造园名家辈出,出现了我国历史上重要的造园名家期,造园数量之多、成就之高,为我国历史上所罕见。 同时我国历史上唯一的造园著作《园冶》也在此时期产生。 叠山为当时常用的造园手法,其常用之太湖石自唐开始盛行。 图10为宋代太湖石开采地遗址。 图11为置石为峰的实例(五峰园)。《哲匠录·叠山》记录明清叠山家有米万钟、高倪、林有麟、计成、陆叠山、张涟、张然、叶洮八人❶。 其中米万钟、林有麟均为士大夫,张然、叶洮叠山实践大都在清代,因此《哲匠录》中记录的明代的职业造园家仅有高倪、计成、陆叠山和张涟四人。 明代知名的叠山家还有张南阳、周秉忠、周廷策、曹谅、顾山师、许晋安、陈似云、张昆岗、陆俊卿等。 钱塘尚有叠山家名龚筠谷,赵昱载其"雅善画,兼能堆大痴家法,染春源数石,犹其手笔,与张南垣同时齐名"。❷ 其子龚璜玉能世其业,亦工画。 为赵昱春草园南华堂

---

❶ 参见:杨永生《哲匠录》。
❷ 参见:陈从周等编《园综》。

叠山，一丘一壑，位置天成。 山成时年八十有四，惜罕有嗣音者。 染春源为赵昱春草园中一景，"大痴山池一曲，寒源澄委，风行縠演，春水方生，碧色如染，文鱼可数，佳趣殊绝"。❶

图 10 宋代太湖石开采地遗址

❶ 参见：陈从周等编《园综》。

受文献材料的影响和限制，在这些职业造园家中，张南阳、周秉忠、周廷策、计成和张涟事迹较其他造园家为多。 张南阳的事迹主要见于陈所蕴所写的《悟石张山人传》中。 周秉忠、周廷策的事迹虽较为零散，但仍有迹可循。 国内自陈植先生开始研究《园冶》以来，关于计成及其著作《园冶》的研究已经非常丰富，量多质优，有深度，呈现出多学科和国际化研究的体系，甚至《园冶》研究几成显学。 张涟尽管是这几位职业造园家中材料最为丰富的，但对于他的研究，与计成相比仍然相形见绌。 曹汛对张涟的生平、造园特点、造园作品进行了翔实的文献考证。 而本书则就张涟的家世、家族、社交及家族园林、造园特点和工期进行了讨论。 总体而言，16～17世纪之交大约是叠山风格的转变期，几乎已经成为学界共识，但这些风格之间具体存在怎样的关系，值得进一步探讨。 五位职业造园家均有学画经历，以画意来叠山的方法也受到学者的较多关注。 但这些

图11　置石为峰（五峰园）

造园家的横向比较尚未有深入探讨。在横向对比之前,需要对这五位职业叠山家的生平事迹进行初步的考证。

陈所蕴的《悟石张山人传》是历史上职业叠山造园家的第一篇传记,然全文未见载,故从上海图书馆藏《竹素堂全集》中抄录如下,以飨读者:

> 予惟好泉石,卧石张山人以累石为名高。予以币聘之为营日涉园。园成而山人适当八秩揽揆之辰。诸与山人游者将乞予言,制锦为山人寿。山人顿首言曰:南阳徼有天幸,获事陈先生,供扫除役。诚得陈先生一言,荣踰华衮。然无用制锦为也。籍地令勒片石,以竢异日与七尺俱。南阳死且不朽矣。予闻其言,以为类达生者,作张山人传。
>
> 张山人者,松之上海人也。名南阳,字(空缺),始号小溪子,已更号卧石生。里中人盖两称之,而四方习山人者于卧石为特著,故独称卧石山人云。山人家世业农,大父某,用卒史文无害,仕为都官尚书贼曹橼。父某,以善绘名。故山人幼即娴绘事,间从塾课章句。惟恐卧至,濡毫临摹点染,竟日夕忘寝食。用志不分,乃凝于神,遂擅出蓝之誉矣。居久之,薄绘事不为,则以画家三昧法,试累石为山。踏拖逶迤,巚巢嵯峨,顿挫起伏,委宛婆娑。大都转千钧于千仞,犹之片羽尺步。神闲

志定,不营丈人之承蜩。高下大小,随地赋形。初若不经意,而奇奇怪怪,变幻不出,见者骇目洞心,谓不从人间来。乃山人当会心,亦往往大叫绝倒,自诧为神助矣。山人既擅一时绝技,大江南北多好事家,欲营一丘一壑者,咸曰:不可当吾世而失山人。竿牍造请无虚日。山人意所欲往,则为欣然命驾。既行,视地之广袤,与其所裒石之多寡,胸中业具有成山。乃始解衣,盘薄执铁如意,指挥群工。群工辐辏,惟山人咄嗟。指顾间,岩洞豁谷、岑峦梯蹬、陂坂立具矣。山人名由此藉甚遐迩,以车迎山人者,至不远千里。苟不当山人意,即千金不能回其一眄,曰:亟持去,勿溷乃公,乃公匪鬻技者。以故三吴诸缙绅家山园,问非山人所营构,主人怩怩不敢置对,其间重一时如此。维时吴中潘方伯以豫园胜,太仓王司寇以弇园胜,百里相闻,为东南名园冠,则皆出山人之手。两公皆礼山人为重客,折节下之。山人岳岳两公间,义不取苟容,无所附丽也。方伯门下多杂宾,其人不长者,与诸苍头比而为奸利,暴豪里中。山人惧祸及己,稍稍疏远之。由此为方伯所衔。其在司寇座中,尝邂逅故江陵相客史锦衣,锦衣欲为相君营别墅,购求山师甚急。既讯知山人名,自以为得山人晚,即欲挟与俱去,且啖以武功爵。山人谢不敏，托他事避之，即司寇从曳不能强也，亦足观山人之慨矣。山人无子，有二孙，与配硕人白首相壮。行年八十，神王气盈，饮啖不减少年，终日不遗一矢。由此百岁特旦莫耳。予交山人久，知山人宜莫如予。既为论次如右授，诸君修山人觞，即勒片石，以竢异日，亦惟是不腆之言在。

天官氏曰：语有之人，巧极天工，错其山人之谓耶。山人始以绘事特闻，具有丘壑矣。彼亦一丘一壑，此亦一丘一壑，斯与执柯伐柯何异？取则不远，犹运之掌耳。宜其技擅一时，爰只无两也。若乃避祸若惊刺荣，若其浇智有大过人者又进乎技矣。❶

"予以币聘之为营日涉园。 园成而山人适当八秩揽揆之辰"句涉及张南阳的生年问题，结合陈所蕴《日涉园重建友石轩五老堂记》中的"园成于丙申岁"，陈从周先生认为张南阳八十虚岁生日为万历丙申（1596）。 陈所蕴《日涉园记》中"陈子方领玺书，充三楚防治兵使者，部符敦促甚急，不得已为诹日戒途，然终不以珪组替丘壑念，亟命山人经始……比及一年，陈子以入贺归，园之大都略具矣。"❷ 按陈所蕴充三楚防治兵使在万历二十三年十二月乙巳（1596），比及一年入贺归当在丙申，这

---

❶ 参见：[明]陈所蕴《竹素堂全集》。
❷ 参见：[明]陈所蕴《竹素堂全集》。

与日涉园成于丙申岁相一致。 又按《日涉园记》为陈所蕴上任南京太仆寺少卿途中，滞留滁阳追作，按此事应在万历四十二年（1614）。 故中有"于时张山人已物故，复有里人曹生谅者，其技俩直欲于山人抗衡"等语。 加之《日涉园重建友石轩五老堂记》中有顾山师的记录，这也造成了如"园成于丙申岁"为顾生所完成时间的误读。 因此，张南阳应生于正德十二年（1517）无疑。 陈所蕴在《日涉园记》写道："逮解大梁参知绂，归来乎十有二年，则无岁不兴土木工"，此时张南阳去世，陈所蕴又聘请了曹谅。 按陈所蕴"解大梁参知绂"在万历三十年（1602），张南阳已经去世，故张南阳去世的时间约在万历二十四年至三十年间。

按陈所蕴所记，张南阳为上海人，家世务农。 祖父因能写文书，为刑部贼曹胥吏，其父以绘画知名。 张南阳从小习画，抽空在私塾中读书。 张南阳学画非常刻苦，绘画技能超过其父。 后轻视绘画，改为采用画意来叠山，遂获成功，成为当时江南最著名的职业叠山造园家。 张南阳叠山作品除日涉园外，还有王世贞弇山园和潘允端的豫园最为知名。 图12为豫园黄石大假山。

周时臣，字秉忠，号丹泉。 是籍贯苏州的巧人，不但擅绘画和叠山，还擅长工艺美术。 徐树丕《识小录》载：

> 丹泉名时臣。少无赖，有所假于淮北。官司捕之急，逃之废寺。感寺僧之不拒，与谋兴造。时方积雪盈尺，乃织巨履，于中夜遍踏远近，凡一二十里。归寺则以泥泞涂之金刚两

图 12　豫园黄石大假山

足,遂哄传金刚出现。施者云集,不旬日得千金,寺僧厚赠之而归。其造作窑器,及一切铜漆,对象皆能逼真,而妆塑尤精。老时口喃喃念佛,如蜂声不可辨,亦能瓦心内痒。其运气闭息,能使腹如铁。年九十三而终,末年尚有龙阳之好,亦奇人也。❶

周时臣目前可知的作品有苏州归湛初的归氏园和徐泰时的东园假山。

归氏园后又称洽隐园、惠荫园,现址在苏州市第一中学内,其假山犹有遗存。归氏园后属胡汝淳,名"洽隐山房"。韩馨

---

❶　参见:[明]徐树丕《识小录》。

得此废园,名为"洽隐园",康熙四十六年(1707)园毁于火,唯存水假山。 乾隆十六年(1751)修复,蒋蟠猗篆书"小林屋"洞额。 韩是升有《小林屋记》云:

> 洞故仿包山林屋,石床神钲、玉柱金庭,无不毕具。历二百年,苔藓若封,烟云自吐。碧梧银杏,紫荆翠柏,春夏之交,浓荫蔽日。时雨初霁,岩乳欲滴。有水一泓,清可鉴物。嵌空架楼,吟眺恣适。游其中者,几莫辨为匠心之运,石林万古不知暑,岂虚语哉?……按郡邑志:园为归太学湛初所筑,台榭池石,皆周丹泉布画。丹泉,名秉忠,字时臣,精绘事,洵非凡手云。❶

至少在清中期时,《吴县志》就将周秉忠名和字记载反了。❷ 小林屋洞为国内罕见的水假山(图15~图17),与洞庭西山林屋洞非常神似(图13、图14)。

徐泰时的东园则是留园的前身。 袁宏道《吴中园亭记略》载:"石屏为周生时臣所堆,高三丈,阔可二十丈,玲珑峭削,如一幅山水横披画,了无断续痕迹,真妙手也。"❸ 江盈科《后乐堂记》载:"里之巧人周丹泉,为叠怪石或作普陀天台诸峰峦

---

❶ 参见:陈从周等编《园综》。
❷ 韩世能与周时臣为友,周时臣的姓名和字号较后之文献记载,更为准确。
❸ 参见:[明]袁宏道《袁中郎全集》。

图 13　苏州洞庭西山林屋洞

图 14　苏州洞庭西山林屋洞洞内

状"❶。留园中部池北黄石假山见图 18。按徐泰时于万历十七年（1589）挂冠归里，袁宏道任吴县县令在万历二十三年（1595）至二十四年（1596），江盈科则于万历二十年（1592）

---

❶　参见：[明] 江盈科《江盈科集》。

至二十六(1598)年任长洲县令。故徐泰时东园建成不晚于万历二十三年。

图15 苏州洽隐园小林屋洞入口

周时臣擅绘事,《石渠宝笈》录有画于扇上落款为周时臣的修竹远山图,为墨画山水。周时臣还精于人像。韩世能(1528—1598),字存良,号敬堂,长洲人,明代官员、学者,

图 16　苏州洽隐园小林屋洞水洞

隆庆二年（1568）进士，选庶吉士，授编修，参与编修世宗、穆宗实录，充经筵日讲官，累官礼部左侍郎，以疾归。世能善鉴赏书画，名噪一时，董其昌在翰林院时曾得到他的点拨。世能著有《云东拾草》十四卷。韩世能有《仙应图记》，记录了周时臣为其先祖绘像的过程，他文不载，故录如下：

图 17　苏州洽隐园小林屋洞旱洞

不肖世能借庇先泽,官翰林十九年而陟亚卿。又七年,始以考绩蒙恩赠祖,至厚幸已。顾祖先遗像,旧失于家,无从追补,念此日夜忾忾也。所善友周秉忠氏精绘事,又能为人召仙貌像,久请未许。丙申元春,洁诚致恳,乃许以二月初吉举事。法当先期斋戒,祷告至十日。丁未设坛,陈供于延真小阁,盖寒寓之三层楼也。是日寅刻肃,周君入,一见语能曰:此来有异香,随车入宅,意公精诚,所感神必至矣。能谢不敏。辰刻,到坛作法,命能手缄素纸一幅,书求赐言于封,上置仙坛,送焚符走檄。周测之曰:今日之仙宜至,自未公第,存神注想,坐层楼中候之。俄有三白鹤飞来坛所,忽自三、而五、而七、而九、而十二,摩空耀日,回翔久之,其时瑞云缤纷可摘也。观者揶揄,奔告惊喜。能端坐及未，仙果至矣。划然有声，掷果空中，并早所缄原封飞至。能跪受之仙语，周云韩学士多礼，且云护法神至者众。周对言如向为仙法，具于中堂应之，启视所封，则云烟满纸，如前题云。见者惊艳，谓此乃无上法书，匪乩仙所能成也。周君遂谓重启坛所静，俟庚戌两日内，用其言觅得旧妣二旧像，往事如见矣。聚族群需，时至启启，则壁间所粘绢已画成祖像。衣冠笑貌，俨若生存，不爽毫发，彩绘鲜妍。所余丹粉，诸色染浸杯水，非人间有，不知何来。图上复有题句，神采焕发，子孙见者，恸哭且愕且喜。左右亲旧，皆雨泣罗拜，啧啧于戏。虽使轩后遗弓，孔壁出经，自能视之，孰可当此者乎？淑人两像再托周绘，克肖宛然，实由神助。奇哉灵哉，灵哉奇哉。考之仙传，古惟吴道玄幕墨成画，极其神妙，不闻其书。清臣大师，万仞县❶崖，丹书飞度。世谓神仙渺茫，术家变幻，难凭而无用之，言未然矣，能何幸身遇之，独所过蒙忠孝之许，省循实切冰渊，谨勒贞珉，奉藏家庙。俾嗣世子孙，无忘黾勉，非敢以示人也。

秉忠名时臣，号丹泉子，家有黄芝出地、白鹊来巢之异。信参灵入妙、执术非凡品云❷。

---

❶ 原文为"县"，古同"悬"。
❷ 参见：［明］黄宗羲编《明文海》。

图 18 留园中部池北黄石假山

此外周时臣还擅长窑器制作,其所烧制号为周窑,见载于《景德镇陶录》:

> 隆、万中人，名丹泉，本吴门籍，来昌南造器，为当时名手。尤精仿古器，每一名品出，四方竞重购之，周亦居奇自喜。恒携至苏、松、常、镇间，售於博古家，虽善鉴别者亦为所惑。有手仿定鼎及定器，文王鼎炉与兽面戟耳彝，皆逼真无双，而千金争市，迄今犹传述云。❶

又姜绍书《韵石斋笔谈》载：

> 吴门周丹泉巧思过人，交于唐太常。每诣江西之景德镇，仿古式制器，以眩耳食者。纹色泽咄咄逼真，非精于鉴别，鲜不为鱼目所混。一日从金阊买舟往江右，道经晋陵，谒太常，请阅古定鼎。以手度其分寸，仍将片褚摹鼎纹，袖之遂别之镇。半载而旋，仍谒唐，袖出一鼎云：君家白定炉鼎，我又得其二矣。唐大骇，以所藏古鼎较之，无纤毫疑，又盛以旧底盖，宛如辑瑞之合也。询何所自来，周云：系余畴昔借观以手度者，再盖审其大小轻重耳，实仿为之，不相欺也。太常叹服，售以四十金，蓄为副本，并藏于家。神庙末年，淮安杜九如浮慕唐之古定鼎，形诸梦寐，从太常孙君俞强纳千金得，周之仿鼎以去。❷

---

❶ 参见：[清] 蓝浦原《景德镇陶录》。
❷ 参见：[清] 姜绍书《韵石斋笔谈》。

周窑受到时人很高的评价,出版于万历十九年的《遵生八笺》在《论定窑》中写道:"若周丹泉,初烧为佳,亦须磨去满面火色,可玩。"❶ 清代康熙年间编成的《格致镜原》观点与高濂一致。清末民初的许之衡在《饮流斋说瓷》对周窑极力称赞:"若周丹泉之仿古各器,直造堂奥。此皆驰名艺苑、宝若琳琅者也。"❷

周时臣子周廷策,也擅长叠山。徐树丕《识小录》载:

> 一泉名廷策,实时臣之子。茹素,画观音,工垒石。太平时江南大家延之作假山,每日束修一金,遂生息至万,晚年乃为不肖子一掷。年逾七十,反先其父而终。❸

已知的周廷策的叠山造园作品有吴亮的止园,止园中飞云峰、蟹螯峰、青阳石、金玉其相、狮子座等皆为周廷策手笔。吴亮在《止园记》中载:"凡此皆吴门周伯上所构。一丘一壑,自谓过之。微斯人,谁与矣。"❹ 吴亮在止园完成后专门写诗答谢周廷策,吴亮《止园集》卷五有《小圃山成谢周伯上兼似世于弟二首》:

---

❶ 参见:[明]高濂《遵生八笺》。
❷ 参见:[民]许之衡《饮流斋说瓷》。
❸ 参见:[明]徐树丕《识小录》。
❹ 参见:[明]吴亮《止园集》。

其一

雨过林塘树色新,幽居真厌往来频。
方怜砥柱浑无计,岂谓开山尚有人。
书富宁营二酉室,功超不数五丁神。
一丘足傲终南径,莫使移文诮滥巾。

其二

真隐何须更买山,飞来石磴缓跻攀。
气将崒犖千峰上,心自栖游十亩间。
秀野苍茫开露掌,孤城睥睨对烟鬟。
肯教家弟能同乐,让尔声名遍九寰。❶

《止园集》卷五自万历庚戌始(1610)。 此诗前为止园数篇,止园成于万历庚戌,即吴亮所谓"余又以奔走风尘,碌碌将十载"。 此诗后有《园居次世于弟旅怀八首》、《杨君野塘过小园为予写照,越一年,先慈见背,髭发尽白,辱贻佳什,次韵奉答,且志感云》。 按《止园集》卷二十有《先母太宜人行状》,吴亮母毛氏去世于万历辛亥(1611)。 可见此诗应似作于庚辛间。《止园集》卷六有《周伯上六十》,为吴亮为周廷策祝六十寿诗:

雀门垂老见交游,谁复醇深似大周。
彩笔曾干新气象,乌巾争识旧风流。

---

❶ 参见:[明]吴亮《止园集》。

> 每从林下开三径，自是胸中具一丘。
> 况有晚菘堪作供，用君家味佐觥筹。❶

此诗前有《送张懋中守桂林》，有"辛年次第拜君恩，兄已专城弟杜门"❷句。万历辛丑科进士中并无任桂林知府的情况，仅有张居方曾于万历丙辰（1616）任南宁知府，桂林可以指代广西，故张懋中应为张居方。此诗后有《送世于弟之龙溪》、《送宽柔两儿应试次作用辛卯韵》。《止园集》卷十八有《亡弟龙溪令世于墓志铭》："登万历庚戌进士，初授缙云令，以太宜人艰未任。复除龙溪，比及三年，以不善事上官，拂衣归。归逾年，以脾病卒。"❸按吴奕死于万历己未（1619），吴奕辞官当在万历戊午（1617），任龙溪令则当在万历丙辰，而吴奕赴龙溪任应在该年。《周伯上六十》夹在其中，应当在万历丙辰无疑。故可推得周廷策生年应在嘉靖丁巳（1557）。

周廷策年逾七十，先于周秉忠去世，又知周时臣终年九十三，则周时臣与周廷策的年龄差距则在二十岁左右，周时臣约生于嘉靖十六年（1537）左右。《不朽的林泉》注释中说，据曹汛考证，周廷策生于嘉靖三十二年（1553），周秉忠则生于嘉靖十六年（1537），卒于崇祯二年（1629）❹。

计成因其著作《园冶》为世人所熟知，但其生平事迹资料却较为有限，仅可从《园冶》和其他零散材料中寻找。计成字

---

❶ 参见：[明]吴亮《止园集》。
❷ 参见：[明]吴亮《止园集》。
❸ 参见：[明]吴亮《止园集》。
❹ 参见：高居翰等《不朽的林泉》。

无否,吴江人,生于万历十年(1582),卒年不详。 早岁学画,喜荆关笔意,能文,游历多年而不得志,中年定居镇江,于崇祯四年(1631)将《园冶》完成,《园冶》在阮大铖的资助下于崇祯七年(1634)刊刻。 计成在造园理论上的贡献无疑是巨大的,《园冶》是我国古代极重要的造园专著。 计成将造园理论总结成为一个较为严密的体系,"巧于因借,精于体宜"。他通过实践总结理论,希望通过理论去指导实践。 已知计成的造园作品均建成于《园冶》刊刻之前。 除了在镇江尝试的"石壁"外,计成所营建的园林有吴玄的东第园、汪士衡的寤园、郑元勋的影园。 此外计成是否为阮大铖营造园林,学界尚有争议。

图 19 传为计成故居(苏州同里)

图 20 计成故居内部

16 世纪以后,江南士风由俭入奢,造园勃兴。 与传统欣赏方式不同的是,虽然内心的精神体验和欣赏尚在延续,但园林的体验更加注重直接的感官感受,园林物质本体的营造效果更加受到关注。 这就使得职业造园家不得不更加关注山水形态,使物质的风景与精神的体验能够建立更为直接的联系。 绘画则是造化与心源的桥梁,以画意造园,既能使外在的风景趋于内心的意向,又能使内心的体验得到外在风景的启发。 这就使得造园家们自然地接触绘画,并不约而同地试图从绘画思考和体验中去进行园林的营造。 在江南区域尤其是长三角一带的苏州、松江两府,商品经济的繁荣为奢靡之风提供了物质基础和条件,这一点为时人所注意,他们普遍将这个转变的时间点指向了嘉靖后期,这也是江南园林风格转变和迅速发展的开始。

图 21 为始建于嘉靖年间的五峰园。

图 21　一峰则太华千寻（五峰园）

作为明末江南最为炙手可热的造园家,张涟无疑更为幸运。张涟在生前就得到众多名士的追捧,现存的个人传记和资料也最为丰富,张涟传记的作者都为当时第一流的学者和文人,除了载入松江、嘉兴的府志和华亭、娄县、嘉兴的县志外,张涟还在作为正史的清史稿中有传。这与上述职业造园家形成了一定反差。这些反差是如何形成的,除了资料的丰富程度是否还有更为内在的原因? 这就需要对这几位职业造园家进行横向的直观比较。

从出生时间看,张南阳生于正德十二年（1517）,周时臣约生于嘉靖十六年（1537）,周廷策生于嘉靖三十六年（1557）,计成生于万历十年（1582）,张涟生于万历十五年（1587）。这五位职业造园家正好可以分为四代人，第一代以张南阳为代表，第二代以周时臣为代表，第三代以周廷策为代表，第四代则以计成和张涟为代表。张南阳、张涟来自松江府，而周时臣父子和计成则来自苏州府。

如果以最早的代表作品作为成名标志，其作品开始营造时间作为成名时间来进行比较的话，王世贞弇山园始建于隆庆五年（1571），张南阳时年55岁；归湛初园约建于嘉靖四十五年（1566），周时臣时年30岁；吴亮止园始建于万历三十八年（1610），周廷策时年54岁；吴玄东第园建于天启三年（1623），计成时年42岁；翁彦陞集贤圃建成不晚于万历四十三年（1615），张涟时年29岁❶。归氏园建造时间比弇山园更早，但归氏园的影响远不如弇山园大。从归氏园到集贤圃的建造，时间跨度约五十年。

从已知的造园数量来看，张南阳作品有3处，为王世贞弇山园、潘允端豫园、陈所蕴的日涉园；周时臣作品有2处，为归湛初园和徐泰时的东园；周廷策作品1处，即止园；计成约4处，为吴玄东第园、汪士衡寤园、郑元勋影园、阮大铖或阮以巽倣园；张涟约25处❷，以李逢申横云山庄、虞大复予园、王时敏乐郊园、钱谦益拂水山庄、吴昌时竹亭湖墅为最。当然数量均不止这些，邀请张南阳叠山的大有人在，三吴诸缙绅家山园，张南阳营构数量应不会太少；周时臣因其尚绘画、制窑，叠山造园仅为其中一技，数量较少可以理解；周廷策叠山每日束修一金，遂

---

❶ 参见：曹汛《张南垣的叠山作品》。
❷ 参见：曹汛《张南垣的叠山作品》。

第六章 明代几个职业造园家的比较

图 22　豫园中的黄石假山

生息至万，吴亮又将其推荐给其弟吴弈，数量也应不会太少；计成在《园冶》刊刻后去向不明，加之其有记录的职业生涯较短，4处作品已经不算少；张涟的造园数量无疑是最多的，按照吴伟业"岁无虑数十家"的说法，其造园数量之多，令人惊愕，这与张涟的造园手法可缩短工期密切相关。从工期来看，弇山园从

图 23　拙政园远香堂前黄石假山

修建到完成约用了 5 年时间，豫园从正式修建到完工约用了 5 年时间，而日涉园从经营到初步建成用了 1 年时间，而增建改建又用了 12 年时间。徐泰时东园营建约用了 5 年时间。止园营建时间也约 1 年。影园营建时间约 8 个月。张涟风格的造园如前一章所说，其工期计旬可就，叠山项目周期在十天至月余。

图 24　上海颐园黄石假山（传为张涟所叠）

第六章 明代几个职业造园家的比较

图25 上海颐园黄石假山顶部

从绘画学习上看，五位叠山家均有学画经历，擅长绘画。张南阳"幼即娴绘事"，濡毫临摹点染，竟日夕忘寝食。周时臣精绘事、善人像。周廷策擅长画观音。计成则"少以绘名，性好搜奇，最喜关仝、荆浩笔意，每宗之"❶。张涟"少学画，好

图26 假山雪洞

---

❶ 参见：[明]计成《园冶》。

写人像，兼通山水"。他们的共同特点是均将画意融入叠山造园中去，但采用的方法和路径各有特点。

从叠山材料来看，张南阳、周时臣、周廷策乃至计成都以石为叠山材料，不同的是，张涟以土为主，主张土石相间。从叠山风格来看，张南阳以画家三昧累石为山，通过峰峦岩洞等描摹山体全貌，结合水面营造山水相依乃至峡谷景象，假山除观赏外，还有登临和穿越体验，山上建有亭台等建筑。张南阳注重山体形态的仿真和游赏真山的集中体验，叠山风格可以近似理解为对自然进行等比缩小的仿真写意。周时臣也是以描摹仿真自然山水为主，风格多样，富于巧思。在注重对山体仿真写意的同时，更强调和突出仿写对象所具备的独特观赏之处，如小林屋洞仿洞庭西山林屋洞，东园叠石仿普陀天台诸峰，水洞可供游览，石屏可供远观。周廷策继承其父手法，但又有所不同，以止园中假山为例，周廷策叠山已不是单纯对自然山体的仿写，如飞云峰除了保留洞、蹬道等真山游赏体验外，更注重整体形态的把握，又如狮子座注重模拟层层山体。马之骐《止园记序》中对止园叠山的评价是"山石无层累之痕"❶。计成注重真山水形体的仿真，擅长高远构图的石壁，并不注重攀登游览的方式，他善于利用地形、水体、植物和建筑等元素配合叠山，使整体环境在画意上达到统一，增强游观体验。张涟则将画理与真实尺度相结合，明确反对单纯对奇峰怪石、假山雪洞的微缩式的仿写，反对微缩式的游山体验，他善于叠石为山，但更提倡采用土山，截溪断谷，营造大山之麓真实尺度的体验。张涟注重综合考虑

---

❶ 参见：高居翰等《不朽的林泉》。

园林布局，强调建筑尺度与山水环境的协调性，有机安排山水、建筑、植物的关系。这种叠山方式极具创新性，黄与坚写道：

> 即以山者言之，凡世之为山者，率以石为用。卒所谓奇者，寻丈之观，取之石而已，不能以为山若此。明末独张君南垣审其政，谓夫山水之精英，出于自然。惟土性自然，能蕴其气以出云霞，蕴其膏以生草木。故具所用在土，用石乃次之。盖石固貌于山，而土则山之精神也。得其精神而众妙瀜浮。山以为真山，水以为真水。是为山者，已擅天下之至奇，而实为之，以无奇也。❶

图27 无锡寄畅园

---

❶ 参见：[清]黄与坚《愿学斋文稿》。

从出身和家世讲，张南阳家世业农，祖父能写文书，为小吏，父以绘名，张南阳从小随父学画，在私塾里学习过一段时间，应没有进学经历。张南阳以画意叠山成名后，成为"挟薄技"，"问舟车于四方"的山人。周时臣出身不详，但从其经历来看，更多可能出自市井，后以绘画、叠山、作器等技艺谋生。周时臣行走江湖多年，无论是早年的报恩寺僧，后来仿制唐太常定窑瓷器，还是"家有黄芝出地、白鹊来巢之异"，甚至在韩世能处招仙貌相，都说明周时臣有一套完善的商业炒作套路，通过套路炒作来提高自己的声誉。周时臣道具之多、套路之深，其巧思之誉名副其实。计成少时受到过良好的教育，受到儒道两家的深刻影响，似乎出于士人家庭。计成年轻的时候就逃名丘壑，即弃巾做了山人。后多方奔走，以求遇时，但未能如愿。

张涟出于读书世家，家世较上述造园家要显赫得多。因此其交游的圈子也优于以上诸人。张南阳成名后虽然得到王世贞、潘允端、陈所蕴等官僚士大夫阶层的礼遇，但他们对张南阳仍然以俯视的视角，如张南阳因潘允端门下宾客与奴仆暴豪里中，惧祸及己，对潘允端稍稍疏远，便被潘允端所忌恨。即便是面对号称与张南阳相识最久的陈所蕴，张南阳在八十寿时向陈乞传，态度也颇为卑微。周时臣与官僚士大夫阶层往来则是通过其炒作套路保持自己的独立性。虽然韩世能称周时臣为友，但似乎体现更多的是利益往来。周廷策因营造止园得到吴亮的重视，但吴亮对周廷策的态度还是显得高高在上，"肯教家弟能同乐，让尔声名遍九寰"。如果周廷策能将吴奕的园林建好，吴亮便能让周廷策名扬海内。作为绝意仕途的文士，计成与官僚士大夫阶层交往，显得更为平等融洽。吴玄、汪机、曹履吉、阮大铖、郑元勋等与其为友，曹履吉建议计成将《园牧》改为《园冶》，阮大铖、郑元勋则为《园冶》作序和题词，阮氏并资助《园冶》出版。阮大铖称计成"人最质直，臆绝灵奇，侬气客习，对之而尽。所为诗画，甚如其人"❶，并有《计无否理石兼阅其诗》：

> 无否东南秀，其人即幽石。
> 一起江山癯，独创烟霞格。
> 缩地自瀛壶，移情就寒碧。
> 精卫服麏呼，祖龙逊鞭策。
> 有时理清咏，秋兰吐芳泽。
> 静意莹心神，逸响越畴昔。
> 露坐虫声间，与君共闲夕。
> 弄琴复衔觞，悠然林月白。❷

郑元勋在题词中以"友弟"自称❸。

张涟与官僚士大夫阶层关系更为融洽，其所交游的多为高级官僚和著名文士，如董其昌、陈继儒称赞张涟知画脉，王时敏与张涟一见如故，陈继儒在张涟移家秀州时还进行挽留。张涟五十寿时，诸贵人都有诗文相赠。江左三大家中的钱谦益、吴伟业与张涟友善，钱谦益甚至邀请张涟移家常熟。除为张涟作传

---

❶ 参见：[明]计成《园冶》。
❷ 参见：[明]阮大铖《咏怀堂文集》。
❸ 参见：[明]计成《园冶》。

外，吴伟业常与张涟游宴欢娱，吴曾作《嘲张南垣老遇雏妓》：

> 莫笑韦郎老，还堪弄玉箫。
> 醉来惟扪腹，兴极在垂髫。
> 白石供高枕，青樽出细腰。
> 可怜风雨夜，折取最长条。❶

虽然吴伟业为复社领袖、文坛矩子，甚至当时在政治上有东山之誉，但张涟对他的仕清行为进行了辛辣的讽刺。黄宗羲《张南垣传》载：

> 梅村新朝起用，士绅饯之。演传奇至张石匠，伶人以涟在坐❷，改为李木匠。梅村靳之，以扇确几，赞曰："有窍"。哄堂一笑，涟不答。及演至买臣妻认夫，买臣唱"切莫题起朱字"，涟亦以扇确几曰："无窍"。满堂为之愕眙，梅村不以为忤。❸

张涟移居嘉兴后，与当地望族姚氏、岳氏、朱氏、曹氏等多有交往。

五位造园家中，除了周时臣和周廷策是父子关系外，这几位职业造园家是否存在交集？笔者这里虽然不能给出明确的答

---

❶ 参见：[清]吴伟业《吴梅村全集》。
❷ 原文为"坐"，应为"座"。
❸ 参见：[明]黄宗羲《南雷文定》。

案，但从社会交往角度看，几位造园家似乎又有一定联系。张南阳与张涟同为上海人，张南阳的业主王世贞、潘允端、陈所蕴，与张涟从父张所敬都有密切的联系。张所敬为王世贞门生，曾到弇山园拜访过王世贞；张氏与潘氏为姻亲，张所敬为豫园常客，与潘允端非常熟悉；陈所蕴与张所敬更是年少相交，日涉园中的集英亭即为张所敬所题。张南阳的业主王世贞，与周时臣友韩世能为儿女亲家，韩世能又是董其昌在书画鉴赏方面的老师。周廷策的业主吴亮与计成的业主吴玄虽然不和，但还是亲兄弟，而吴亮又与张涟从父张所望为进士同年。计成的资助人阮大铖与张涟的业主虞大复同列阉党名单，关系亲近，阮大铖还参观过虞大复的予园。计成的业主郑元勋为董其昌门生，董其昌与张涟从父张所望相交甚密。这些社交关系尽管不能判断这几位造园家之间是否存在过直接交往，但他们之间也绝不是完全孤立和隔绝的。

通过五位职业造园家的比较研究，可以发现，张南阳、周时臣、周廷策、计成和张涟从生年看为四代人，他们的造园活动约在16世纪中期到17世纪中期这百余年的时间里。如果以最早代表作品作为成名标志，其作品开始营造时间作为成名时间来进行比较的话，从归氏园到集贤圃的建造，时间跨度约五十年。这五十余年中，江南造园风格发生了大的转变，如果将上述五位造园家的风格进行关联和比较，可以发现一条可循的转变轨迹。如何找到一种方法，在外在感官体验需求越来越迫切和重要之时，将内在的理想场景最大程度在景物效果上实现，在有限的空间内创造更为直接的游观体验，成为造园家们思考的重要问题。

图 28　曾是董其昌泼墨畅吟处的松江醉白池

张南阳率先以画意叠山,他所采用的方法是将绘画中所总结出来的各种山体形态进行微缩,通过不同观赏路径组织起来,形成具有丰富游观体验的真山片段,即"峰峦岩洞,岑峨溪谷,陂坂梯磴,具体而微","大都转千钧于千仞"。周时臣则采用仿写和微缩自然中的名山局部,将其典型的特点强调并体现在园

图 29 八音涧中的山林体验

中,在此基础上设立观赏路径。周廷策除了微缩和仿写自然山体外,更注重山体本身的整体形态,在细节上做到"山石无层累之痕"。计成注重整体环境的游观体验,在叠山上注重山水形体的仿真,通过高远构图改变空间的视觉尺度,并利用地形、水体、植物和建筑等元素配合叠山,使整体环境在视觉尺度上达到统一。张南阳、周时臣、周廷策、计成等都使用了以石为主的叠山材料,使得传统以置石为峰的方式发生了改变。张南阳的继承和创新之处在于,山石微缩真山各种形态还留有置石为峰的观赏方式,路径设置和形态组织更加突出真山体验而非以石峰为焦点。周时臣则将石峰体验继续削弱,山体的整体性被进一步强化,从而提高游观的整体感受。周廷策更加注重叠山的整体形态,同时注重细节技术的提升。如果这三位叠山家的工作在于如何进一步优化和完善微缩仿写真山方法的话,那么计成的实践则是从整体营造真山的感官体验入手,运用多种元素,采用局部尺度夸张的手法,得到更为直观的真山体验。计成将实践总结为理论或导则,使其内涵更为丰富,组合方式更为多样。

图30 寄畅园内土山

张涟的创新是别开生面的。理论上主张自然主义与绘画结合;思路上强调真实尺度的感官体验,对微缩仿写真山的思路加以否定;材料上以土为主而非以石为主;方法上在一定距离范围内实现真实尺度,并综合协调山水建筑花木的关系。 张涟的创新使董其昌"画可园"的理论得以付诸实践,其造园风格更符合士大夫阶层的旨趣,其游观体验更加真实与便利,其成本和工期得到大幅度下降,因此张涟的叠山造园风格甫一问世,便能够风靡江南,进而影响内廷长达百年之久,在我国造园史上留下了光辉璀璨的一页。

参 考 文 献

[1] [东汉]贾谊.新书.文渊阁四库全书[M].上海:上海古籍出版社,2003.

[2] [唐]房玄龄等.晋书[M].北京:中华书局,1974.

[3] [宋]王安石.临川先生集[M].北京:中华书局,1959.

[4] [明]陈所蕴.竹素堂合并全集[Z].上海图书馆藏.

[5] [明]陈继儒.陈眉公先生全集[M].上海:广益书局,1936.

[6] [明]陈梦莲.陈眉公全集六十卷年谱一卷[Z].上海图书馆藏.

[7] [明]陈子龙.安雅堂稿[M]//续修四库全书1389册.上海:上海古籍出版社,2003.

[8] [明]崇祯松江府志.华东稀见方志文献,中国华东文献丛书第1辑[M],北京:学苑出版社,2010.

[9] [明]冯时可.冯元成选集[M]//四库禁毁书丛刊补编第64册.北京:北京出版社,1997.

[10] [明]顾起元.客座赘语[M].北京:中华书局,1987.

[11] [明]顾炎武.日知录集释全校本[M].上海:上海古籍出版社,2006:994.

[12] [明]江盈科.江盈科集[M].长沙:岳麓书社,2008.

[13] [明]何乔远.名山藏[M].北京:中华书局,1987.

[14] [明]何三畏.云间志略[M]//华东稀见方志文献·中国华东文献丛书第1辑.北京:学苑出版社,2010.

[15] [明]黄汝亨.寓林集[M]//续修四库全书1369册.上海:上海古籍出版社,2003.

[16] [明]计成.园冶注释[M].北京:中国建筑工业出版社,1988.

[17] [明]林景旸.玉恩堂集[M]//四库全书存目丛书集部第148册.济南:齐鲁书社,1996.

[18] [明]潘恩.潘笠江先生集[M]//四库全书存目丛书集部第081册.济南:齐鲁书社,1996.

[19] [明]祁彪佳.祁彪佳文稿[M].北京:书目文献出版社,1991.

[20] [明]祁彪佳.祁彪佳集[M].北京:中华书局,1960.

[21] [明]阮大铖.咏怀堂文集[M]//续修四库全书1374册.上海:上海古籍出版社,2003.

[22] [明]申时行.大明会典[M]//续修四库全书1388册.上海:上海古籍出版社,2003.

[23] [明]沈德符.万历野获编[M].北京:中华书局,1997.

[24] [明]沈明臣.丰对楼诗选[M]//四库全书存目丛书集部第144册.济南:齐鲁书社,1996.

[25] [明]唐汝询.编蓬后集[M]//四库全书存目丛书集部第192册.济南:齐鲁书社,1996.

[26] [明]王世贞.弇州续稿卷[M]//文渊阁四库全书.上海:上海古籍出版社,2003.

[27] [明]王世贞.弇州山人续稿[M].北京:中华书局,1997.

[28] [明]王思任.王季重历游纪[M]//四库禁毁书丛刊补编第78册.北京:北京出版社,1997.

[29] [明]万历二十九年进士登科录[Z].北京国家图书馆藏.

[30] [明]万历二十九年辛丑科进士履历便览[Z].上海图书馆藏.

[31] [明]吴亮.止园集[Z].北京国家图书馆藏.

[32] [明]吴之甲.静悱集[M]//四库禁毁书丛刊集部第78册.北京:北京出版社,1997.

[33] [明]袁宏道.袁中郎全集12种[M].上海:世界书局,2009.

[34] [明]袁凯.海叟集[M]//四库全书存目丛书.济南:齐鲁书社,1996.

[35] [明]张所敬.春雪篇[Z].上海图书馆藏明万历刻本.

[36] [明]张所敬.解蝃篇[Z].上海图书馆藏明万历刻本.

[37] [明]张所敬.潜玉斋稿[Z].上海图书馆藏明万历刻本.

[38] [明]张所敬.潜玉斋续稿[Z].上海图书馆藏明万历刻本.

[39] [明]张所望. 阅耕余录[M]//四库全书存目丛书·子部第110册. 济南：齐鲁书社，1996.

[40] [清]曹家驹. 说梦[M]//四库未收书辑刊10辑. 北京：北京出版社，1997.

[41] [清]顾炎武. 顾亭林诗文集[M]. 北京：中华书局，1983.

[42] [清]黄与坚. 愿学斋文稿[M]//清代诗文集汇编. 上海：上海古籍出版社，2010.

[43] [清]黄宗羲. 南雷文定[M]//清代诗文集汇编. 上海：上海古籍出版社，2010.

[44] [清]黄宗羲. 明文海[M]. 北京：中华书局，1987.

[45] [清]嘉庆上海县志[M]//浙江图书馆藏稀见方志丛刊. 北京：国家图书馆出版社，2010.

[46] [清]嘉庆松江府志[M]//中国地方志集成·上海府县志辑. 上海：上海书店出版社，2010.

[47] [清]孔尚任. 桃花扇[M]. 北京：人民文学出版社，1982.

[48] [清]李果. 在亭丛稿[M]//清代诗文集汇编. 上海：上海古籍出版社，2010.

[49] [清]李雯. 蓼斋集[M]//四库禁毁书丛刊集部第111册. 北京：北京出版社，1997.

[50] [清]陆锡熊. 娄县志[M]. 台北：成文出版社，1974.

[51] [清]宋征舆. 林屋文稿[M]//清代诗文集汇编. 上海：上海古籍出版社，2010.

[52] [清]王时敏. 王烟客先生集[M]//清代诗文集汇编. 上海：上海古籍出版社，2010.

[53] [清]王沄. 云间第宅志[M]. 上海：商务出版社，1936.

[54] [清]吴暻. 西斋集[M]//清代诗文集汇编. 上海：上海古籍出版社，2010.

[55] [清]吴暻. 西斋集[Z]. 国家图书馆藏乾隆三十六年[1771]刻本.

[56] [清]吴履震. 五茸志逸[M]//四库未收书辑刊10辑. 北京：北京出版社，1997.

[57] [清]吴伟业.吴梅村全集[M].上海：上海古籍出版社，1990.

[58] [清]姚宏绪.松风余韵[M]//四库全书存目丛书补编.济南：齐鲁书社，1996.

[59] [清]叶梦珠.阅世编[M].上海：上海古籍出版社，1981.

[60] 陈宝良.明代儒学生员与地方社会[M].北京：中国社会科学出版社，2005.

[61] 陈从周，蒋启霆等.园综[M].上海：同济大学出版社，2001.

[62] 曹淑娟.流变中的书写-祁彪佳与寓山园林论述[M].台北：经联出版社，2006.

[63] 冯尔康.中国社会史研究概述[M].天津：天津教育出版社，2010.

[64] 高居翰，黄晓，刘珊珊.不朽的临泉[M].北京：三联出版社，2012.

[65] 顾凯.明代江南园林研究[M].南京：东南大学出版社，2010.

[66] 黄裳.皓首学术随笔·黄裳卷[M].北京：中华书局，2006.

[67] 潘星辉.明代文官铨选制度研究[M].北京：北京大学出版社，2005.

[68] 吴春龙.龙华镇志[M].上海：上海社会科学院出版社，1996.

[69] 杨永生.哲匠录[M].北京：中国建筑工业出版社，2005.

[70] [B.] Clunas Craig. Fruitful Sites：Garden Culture in Ming Dynasty China[M]. Duke：Duke University Press Books，1992.

[71] 曹汛.造园大师张南垣[一]——纪念张南垣诞生四百周年[J].中国园林，1988(4)：21-26.

[72] 曹汛.造园大师张南垣[二]——纪念张南垣诞生四百周年[J].中国园林，1988(9)：2-9.

[73] 曹汛.清代造园叠山艺术家张然和北京的山子张[J].建筑历史与理论(第二辑)，1981：121-130.

[74] 曹汛.史源学材料的史源学考证示例-造园大师张然的一处叠山作品[J].建筑师，2008(1)：21-26.

[75] 曹汛.追踪张熊，寻找张氏之山[J].建筑师，2007(5)：97-104.

[76] 高德权.试论明代的教育及其管理制度[J].山西大学学报[社会科学版]，

2005(4):110-115.

[77] 李洵.论明代江南地区士大夫势力的兴衰[J].史学集刊,1987(4):34-42.

[78] 秦柯.吴伟业梅村考略[J].中国园林,2017(6):124-128.

[79] 秦柯.造园大师张南垣家世考述[J].中国园林,2017(12):119-122.

[80] 秦柯,彭历.《西斋图》及其所描绘的园林[J].华中建筑,2017(1):6-9.

[81] 秦柯.张氏叠山造园管窥—以祁彪佳寓园为例[J].华中建筑,2017(12):18-22.

后 记

　　追寻张涟造园背后的故事是很偶然的一件事。四年前，我在吴暻的《西斋集》中意外发现，张铨侯为张涟之孙，并不是张涟子张然晚年的别号。这个发现使我萌生了寻找张涟家世的想法；三年前，在曹汛先生文章的指引下，我在黄与坚《愿学斋文稿》抄本中找到张然的墓志铭，发现有关张涟家世的记载。尽管这个记载语焉不详，但我还是决定进行尝试，以便解开心中的谜团，这算是追寻张涟家世的开端。

　　初衷是出乎意料的简单和乐观，过程却是出乎意料的漫长和曲折。黄与坚的张然墓志铭中只提到了张涟父亲张所谋和叔父张所望的名字，我只能先顺藤摸瓜去发掘信息。张所望的事迹虽然有迹可循，但后世对其家世的记录却多有舛误。两年前，我先是在冯时可的《冯元成全集》中发现了张所望父母的墓表，之后又在陈所蕴的《竹素堂全集》抄本中发现了《张氏族谱序》，从而确定了张涟家族的基本世系。但张所谋的事迹却无迹可查，张涟生父究竟为谁，一直没有得到确切的信息，我又通过张所望父母的墓表以及进士登科录、履历便览等材料的相互印证，张涟生父应为张所性和张所教其中的一个，颇有桃源望断无行处之感。偶然的机会，我通过对唐汝询《赠张伯恒》诗的解读，终于确定张涟生父为张所教。从发现张涟家世到完全确定其家族基本世系，便这样断断续续、曲折反复了三年之久。

整个过程充满了苦与乐。第一手历史材料的查找是个苦差事，尤其是张氏支派繁多，在整个过程中，即便是在使用相关电子资源的情况下，一无所获或是非己所需的情形还是占据了绝大多数，前人的艰辛更是可想而知。而在图书馆翻抄古籍也是常态，我在国图和上图多次奔波，为了寻找可能发现的信息和文献间的相关印证。这些搜来的信息又往往互相矛盾、无直接联系，这又迫使我不得不继续对历史材料进行新一轮的搜集。追寻张涟家世的结果令我感到欣慰。其一是涉及张涟家族的文献材料还算可观，这有助于对张涟及其造园开展进一步的解读；其二是张涟家族为云间望族，这有助于了解家族背景对张涟造园风格形成的影响；其三是对张涟基本世系的考证较为完整，使我感觉时间并没有白费。

这本小书便是考察张涟家世及造园风格的阶段成果，从材料上看不免有管中窥豹之嫌，从内容上讲更有隔靴搔痒之憾。书中所查阅的文献材料中相当一部分为第一次系统整理，也是我在抄录后句读校对的基础上敲到电脑中的，这些材料倘若能给研究者以便利，当不胜荣幸。

最后在此我要向帮助我完成本书的领导、同事、朋友和同学表示诚挚的感谢，向为本书辛勤付出的孙梅戈女士表示诚挚的感谢。这本小书虽然也数次易稿，但就涉及的领域来说，许多部分还是草创，错误和缺陷是不可避免的，希望读者和专家不吝赐教。